Douglas Yacek

Begeisterung wecken

Anleitung zu transformativem Lehren und Lernen

Reclam

Für Sohail Khan

RECLAMS UNIVERSAL-BIBLIOTHEK Nr. 14410
2023 Philipp Reclam jun. Verlag GmbH,
Siemensstraße 32, 71254 Ditzingen
Gestaltung: Cornelia Feyll, Friedrich Forssman
Druck und Bindung: EsserDruck Solutions GmbH,
Untere Sonnenstraße 5, 84030 Ergolding
Printed in Germany 2023

ISBN 978-3-15-014410-7

Auch als E-Book erhältlich

www.reclam.de

Inhalt

1 Einleitung. Was kann Unterricht?

1.1 Ein Gedankenexperiment

Stellen wir uns zuerst eine Schülerin vor, die so fasziniert von mathematischen Konzepten und Ideen ist, dass sie sich darauf freut, abends ihrem Bruder bei den Hausaufgaben in Mathematik zu helfen. Dann einen normalerweise teilnahmslosen Schüler, der nach einer bewegenden Deutschstunde über die Nachkriegsliteratur die Stadtbibliothek aufsucht, um einen kleinen Band mit Kurzgeschichten aus dieser Zeit auszuleihen. Eine weitere Schülerin, die bisher stark auf gute Noten konzentriert war, aber sich mithilfe eines außergewöhnlichen Philosophieunterrichts nun immer wieder mit der Frage beschäftigt, ob ihr Leben tatsächlich eine Art »finalen« Sinn und Zweck haben könnte. Und schließlich ein eher unsicheres und angepasstes Mädchen, bei dem eine Englischstunde über *consumerism* und *globalization* so nachwirkt, dass sie ihren Eltern die Bedeutung und gesellschaftliche Tragweite dieser politischen Schlüsselbegriffe aufgeregt am Mittagstisch vorträgt.

Was treibt diese Schülerinnen und Schüler an? Warum haben sie beschlossen, sich nach dem Unterricht weiterhin mit diesen schulischen Inhalten zu beschäftigen, anstatt sich von Social-Media-Plattformen, Computerspielen oder einem sonstigen Zeitvertreib ablenken zu lassen? Was ist mit ihnen passiert? Bevor wir diese Fragen beantworten können, benötigen wir ein paar weitere Details zu den Erfahrungen dieser Schülerinnen und Schüler. Denn ihre Auseinandersetzung mit dem Unterrichtsstoff hört nicht mit der Nachhilfe in Mathematik, dem Bibliotheksbesuch, einer eingehenden geistigen Reflexion oder einem Tischgespräch mit den Eltern auf. Ihre Begeisterung und Faszination für die Fächer tragen sie am nächsten Tag im Unterricht mit sich. Sie freuen sich regelrecht auf die nächsten Stunden in Mathematik, Deutsch, Philosophie oder Englisch. Sie versuchen zu erraten, was »heute dran« sei und wie ihre Lehrerinnen oder Lehrer den Stoff dieses Mal behandeln würden. Wenn es so weit ist, hören sie gespannt und konzentriert zu, versuchen produktive Diskussionsbeiträge zu leisten und erledigen die dazugehörigen Aufgaben mit spürbarem Elan.

Wenn diese Beispiele nach dem ersten Teil des Gedankenexperiments unwahrscheinlich erschienen sind, werden sie nun nahezu utopisch wirken. Wie oft entwickeln Kinder und Jugendliche eine solche Beziehung zum Unterrichtsstoff? Werden sie nicht viel zu sehr von ihrem Smartphone oder Instagram-Feed abgelenkt? Kann es ein realistisches Ziel für Lehrkräfte sein, ein solch anhaltendes und grundlegendes Interesse bei ihren Schülerinnen und Schülern zu schaffen? Oder ist das eher ein Ereignis, das nur in besonderen Fällen, mit besonderen Persönlichkeiten und zu besonderen Zeiten zutage tritt?

In diesem Band wird aufgezeigt, dass die Art von Interesse und Engagement, welche diese Schülerinnen und Schüler an den Tag legen, weder ein utopisches Idealbild noch eine bloße Bildungsfantasie darstellen. Ganz im Gegenteil: jedes Detail des oben geschilderten Gedankenexperiments basiert auf realen Fallstudien, die in Form von qualitativen Interviews durchgeführt wurden und als Grundlage für den vorliegenden Band dienen. Das Verhalten dieser Schülerinnen und Schüler mag zwar ungewöhnlich sein, es ist aber nicht unerklärlich. Denn ihre Faszination für die Fächer ergibt sich aus einer besonderen Form der Auseinandersetzung mit dem Unterrichtsstoff, indem sie von dessen Wert – dessen *intrinsischem* Wert – überzeugt werden. Diese jungen Menschen sind zur Erkenntnis gekommen, dass die fachlichen Inhalte, mit denen sie sich tagtäglich im Unterricht beschäftigen, an und für sich spannend, faszinierend und förderlich sind und dass sie ihr Selbst- und Weltverständnis maßgeblich bereichern können. So verwandelt sich ihre Beschäftigung mit den Unterrichtsinhalten in *transformatives Lernen*: das gezielte Streben nach der Erweiterung und Vertiefung des eigenen Erfahrungshorizonts durch die intensive Auseinandersetzung mit fachlichen Inhalten.

Transformatives Lernen zeichnet sich insofern gegenüber anderen Praxisformen des Lernens aus, als es eine Brücke zwischen den akademisch-fachlichen Bemühungen der Lernenden und der je eigenen Aufgabe schlägt, ein sinnvolles, selbstbestimmtes und erfülltes Leben zu führen.[1] Transformatives Lernen ist nicht nur »nützliches«, »zukunftsträchtiges«, »kompetenzorientiertes« oder »selbstre-

1 Mit dieser Auffassung transformativen Lernens folge ich einer Traditionslinie innerhalb der Bildungs- und Erziehungstheorie, welche die »Transformativität« der pädagogischen Praxis als in engem Zusammenhang mit der Eigenstruktur akademischer Fächer stehend versteht (z. B. Peters, 1971; Strike, 2005; Stojanov, 2014). Diese Auffassung weicht – in mancher Hinsicht auch auf grundlegende Weise – von dem einflussreichen Diskurs zu »transformative learning« ab, welcher hauptsächlich in der Erwachsenenbildungsforschung geführt wird (z. B. Mezirow, 1978, 1981; Nohl, 2016). Zu den begrifflichen und praktischen Unterschieden dieser zwei Theorierichtungen siehe Yacek (2021).

guliertes« Lernen. Transformatives Lernen geht aus der Überzeugung hervor, dass die eigene Perspektive reichhaltiger und differenzierter, das eigene Selbstkonzept aufnahmefähiger und der eigene Umgang mit Anderen gerechter wird, wenn man sich ausführlich mit den Unterrichtsinhalten auseinandersetzt. Wie ich in den folgenden Kapiteln des Bandes darlegen werde, belegen Beispiele und Fallstudien wie die obigen nicht nur, dass die Entstehung solcher tiefgehenden, dauerhaften und sogar lebensverändernden Beziehungen zum Unterrichtsstoff im Klassenzimmer *möglich* ist. Sie zeigen außerdem, dass Lehrkräfte konkrete und nachvollziehbare Lehrmethoden einsetzen können, um transformatives Lernen systematisch zu ermöglichen.

Die Rede von Transformation in unterrichtlichen Belangen dürfte erst einmal ungewohnt erscheinen. Vielleicht wirkt der Begriff »transformatives Lernen« wie eine Art pädagogischer Sonderwunsch: schön, wenn es mal zustande kommt, aber für einen pflichtgemäßen Unterricht letztlich nicht notwendig. Die Situation sieht jedoch ganz anders aus. Transformatives Lernen betrifft nämlich eine grundlegende, sogar dringliche Zielsetzung pädagogischer Praxis, welche nur auf Kosten des gesamtgesellschaftlichen Bildungsauftrags der Schule ignoriert werden kann. Dies wird besonders deutlich, wenn Themen von erheblicher gesellschafts- und bildungspolitischer Relevanz im Unterricht behandelt werden müssen. Wenn es etwa im Biologieunterricht um den Klimawandel, im Geschichtsunterricht um das NS-Regime oder in Sozialkunde um Fremdenfeindlichkeit geht, gilt es diese Themen nicht nur zu »diskutieren« oder bloß als prüfungsrelevante Ereignisse und Fakten im Unterricht zu vermitteln. Es obliegt uns vielmehr dazu beizutragen, dass junge Menschen durch den Unterricht *anders werden*: dass sie zu Menschen werden, die die Dringlichkeit der Klimakrise erfassen, die Gefahren des Autoritarismus begreifen und sich zum Schutz der Menschenwürde und einer lebenswerten Demokratie aufgefordert fühlen. Finden solche persönlichen Veränderungen und Transformationen aber überhaupt nicht statt, bleibt die nächste Generation gegenüber diesen sozialen und politischen Zielsetzungen oftmals unvorbereitet oder gar gleichgültig statt wach, interessiert und engagiert.[2]

Es ist eine Hauptthese des vorliegenden Bandes, dass transformatives Lernen nicht nur in idealisierten Lehr- und Lernarrangements möglich ist. Transformatives Lernen kommt nicht nur in Montessori- oder Waldorf-Schulen, nicht nur in exklusiven Privatschulen oder Akademien zustande. Transformatives Lernen lässt sich selbstverständlich auch an öffentlichen Schulen aller Schultypen sowie in

2 Das »Transformative« beim transformativen Lernen bezieht sich somit nicht in erster Linie auf gesamtgesellschaftliche Transformationsprozesse wie Digitalisierung, Migration, Globalisierung oder Klimawandel, welche manchen Auffassungen des transformativen Lernens zufolge den Schwerpunkt des Unterrichts bilden sollen (vgl. Giesinger, 2022). Vielmehr fokussiert die vorliegende Konzeptualisierung transformativen Lernens vornehmlich *persönliche* Wandlungsprozesse, in denen für uns grundlegende Werte, Wünsche und Ideale durch die Begegnung mit fachlichen Inhalten eine konstruktive Veränderung erfahren. Diese beiden Schwerpunktsetzungen schließen sich natürlich nicht aus. Denn wenn Lernende sich den Herausforderungen sozialer und kultureller Transformationen konstruktiv stellen sollen, kenne ich – aus den soeben genannten Gründen – keine bessere Grundlage als transformatives Lernen in diesem individuellen Sinne.

den gängigen Schulfächern und Lernkontexten ausbilden, in denen sich die überwiegende Mehrheit von Lehrerinnen und Lehrern und jungen Menschen im Schulalter bewegt. Unterricht, der zu Transformation anspornt, ist also kein ausschließendes Gut der Privilegierten. Möglicherweise haben vielmehr Kinder aus wohlhabenden Elternhäusern, die in exklusiven Bildungssettings beschult werden, den größeren Bedarf an dieser Art von pädagogischer Intervention. Denn sofern ihre Motivation verstärkt um die Suche nach Wohlstand, Status, Einfluss oder bloßem »Weiterkommen« kreist, werden sie progressiv unempfindlicher und unempfänglicher gegenüber den transformativen Möglichkeiten des Unterrichtsstoffs. Oft sind es gerade die Schülerinnen und Schüler, die zuvor kaum Zugang zu solchen Bildungsprivilegien hatten oder eher enttäuschende Lernerfahrungen in ihrer bisherigen Schulkarriere sammeln mussten, die am empfänglichsten für transformativen Unterricht sind.

Gewiss, transformative Lernerfahrungen sind keineswegs die Norm in heutigen Schulen. Häufiger sind passive Folgsamkeit, Notenjagd, Desinteresse, bisweilen sogar Entfremdung. Man denke an die eigene Schulzeit – wie sie so oft von der Erledigung banaler Aufgaben, vom Erwerb lebensfernen Wissens und von einfallslosem Unterricht geprägt war. Hinzu kommen auch noch die unzähligen gesellschaftlichen, schulpraktischen und persönlichen Hürden, die einer solchen Beziehung zum Unterrichtsstoff im Wege stehen: Leistungsdruck, fehlende Unterstützung von Zu Hause, mangelndes Selbstvertrauen, geistige Überlastung der Schülerinnen und Schüler wie auch der Lehrkräfte oder einfach die hartnäckige Haltung, dass die Themen, Theorien und Begrifflichkeiten im Unterricht bloße »Lerninhalte« seien, die mit dem Leben außerhalb der Schule schlechterdings nichts zu tun haben. Und doch möchte ich in diesem Band dafür plädieren, dass transformative Methoden und Unterrichtskonzepte eine Möglichkeit bieten, um diesen Herausforderungen konstruktiv und effektiv entgegenzuwirken.

1.2 Bildung als Ausstattung versus Bildung als Transformation

Bevor die praktischen Implikationen eines transformativen Unterrichtsansatzes ausbuchstabiert werden können, müssen wir uns um ein Anliegen kümmern, das den Kern des zeitgenössischen Schul- und Lehrbetriebs betrifft. Denn es herrscht im heutigen Bildungsdenken ein schwerwiegendes und nahezu allgegenwärtiges Missverständnis über den Begriff und das Handlungsfeld des »Fachs« – also über das, was ein Unterrichtsfach im Wesentlichen ausmacht. Dieses Missverständnis (sowie die ihm zugrundeliegende Bildungsideologie) stellt aus meiner Sicht das derzeit gewaltigste Hindernis für die Möglichkeit transformativen Lernens dar.

Der üblichen Auffassung fachlicher Bildung zufolge sind die verschiedenen Unterrichtsfächer im Grunde als Aufbewahrungsorte und Lagerstätten des Wissens zu verstehen. Demnach soll der Schultag mit verschiedenen Lerngelegenheiten innerhalb der Unterrichtsfächer ausgefüllt werden, da sie Erkenntnisse bieten, die wertvolle Fähigkeiten, Eigenschaften und Dispositionen bei Schülerinnen und

Schülern aktivieren können. Diese verschiedenen Qualitäten – heute ubiquitär als »Kompetenzen« bezeichnet – sollen einen klaren Nutzen für den Erfolg der Lernenden im beruflichen, persönlichen und sozialen Leben vorweisen können. Um diesen Nutzen zu gewährleisten, werden die empfohlenen Kompetenzkataloge für gewöhnlich aus einer Beschreibung der An- und Herausforderungen abgeleitet, die die »moderne Welt« oder die »zukünftige Gesellschaft« an junge Menschen stellt. Es werden die zunehmende Digitalisierung menschlicher Interaktionen, die wachsende Komplexität moderner Gesellschaften, die steigende Flexibilität zeitgenössischer Arbeitsverhältnisse oder die Entstehung neuartiger soziopolitischer Probleme aufgerufen, um die Orientierung und Inhalte dieser Kataloge zu bestimmen und ihre Rolle im Lehrplan zu begründen.[3] So entwickelt sich das Lehren und Lernen in den

3 Als Beispiel siehe die Einleitung zum strategischen Weißbuch zu »Bildung in der digitalen Welt« der Kultusministerkonferenz: »Die fortschreitende Digitalisierung ist zum festen Bestandteil unserer Lebens-, Berufs- und Arbeitswelt geworden. Digitale Medien wie Tablets, Smartphones und Whiteboards halten seit längerem Einzug in unsere Schulen und Hochschulen; sie gehören zum Alltag der Auszubildenden in Verwaltungen und Unternehmen. Digitale Medien halten ein großes Potential zur Gestaltung neuer Lehr- und Lernprozessen bereit, wenn wir allein an die Möglichkeiten zur individuellen Förderung von Schülerinnen und Schülern denken. Über welche Kompetenzen müssen Kinder, Jugendliche und junge Erwachsene verfügen, um künftigen Anforderungen der digitalen Welt zu genügen? Und welche Konsequenzen hat das für Lehrpläne, Lernumgebungen, Lernprozesse oder die Lehrerbildung? Die Gestaltungsmöglichkeiten in der digitalen Welt von morgen sind eng damit verknüpft, wie wir heute junge Menschen

Fächern zu einer Art der *Ausstattung*, während die Fächer selbst als Instrumente oder Technologien betrachtet werden, die diese Ausstattung ermöglichen.

Bildung als Ausstattung mündet nicht zwangsläufig in jenes klassische Bild des formelhaften und lebensfernen Unterrichts, das immer wieder, z. B. in Filmen und Büchern über die Schule, satirisch an den Pranger gestellt wird.[4] Ausstattender Unterricht kann angenehm, unterhaltsam, technologisch fortschrittlich und durch neueste didaktische Forschung fundiert sein. Er kann Fakten und fachliche Inhalte zielsicher vermitteln und die Schülerinnen und Schüler auf Leistungsevaluationen sowie auf wichtige Lebensaufgaben effektiv vorbereiten. Und doch: wenn es dabei bliebe, bestünde im Herzen des Unterrichts eine beunruhigende Leere. Ausstattender Unterricht verkennt den tieferen, intrinsischen Wert fachlicher Inhalte, die nicht nur eine Basis für die Entwicklung von funktional-nützlichen Kompetenzen oder Wissensgrundlagen bereitstellen, sondern auch zu einer erheblichen Erweiterung, Vertiefung und Transformation des jeweiligen Horizonts beitragen können. Austattender Unterricht sieht Schülerinnen und Schüler in erster Linie als »Vorzubereitende«, die komplexe Problemstellungen im späteren Leben und Beruf souverän

in Schulen, in der Berufsausbildung und in den Hochschulen darauf vorbereiten.« (Kultusministerkonferenz, 2016, S. 3) Die Schülerinnen und Schüler sind mit Kompetenzen *auszustatten* – so kann man den Auszug auslegen –, damit sie sich den neuen Herausforderungen der digitalen Welt stellen können.

4 Für eine grundlegende Kritik einiger Aspekte der ausstattenden (bzw. der »formalen« und »materialen«) Bildungstheorie siehe auch Benner (2012, S. 151–155).

und zielsicher lösen können. Transformativer Unterricht hingegen sieht Schülerinnen und Schüler vornehmlich als »Sinnsuchende« und »Sinnerschaffende«, deren persönliche Bestrebungen auf maßgebliche Weise durch die Erfahrungswelt der Fächer gefördert werden können.

Es ist hier nicht der Ort, die historischen Wurzeln, theoretischen Annahmen und diversen pädagogischen Nachwirkungen dieser gängigen Bildungsideologie eingehend zu kritisieren. Die Auffassung von Bildung als Ausstattung verfügt über eine unleugbare Überzeugungskraft. Es ist nicht falsch anzunehmen, dass das Lernen in den üblichen Unterrichtsfächern auf die Förderung von Erkenntnisgewinn abzielen soll, dass fachliche Erkenntnisse wichtige – ja sogar lebenswichtige – Eigenschaften und Fähigkeiten ins Leben rufen können (und sollen) und dass der Fachunterricht auch eine gewisse ausstattende Funktion erfüllen soll. Mit Skepsis zu betrachten ist jedoch die *Reduktion* fachlicher Bildung auf diese Art von Praktiken und Zielsetzungen im Unterricht. Der erste Schritt, sich einer Auffassung von *Bildung als Transformation* anzunähern, ist, diese reduktionistische Einengung fachlichen Lernens auf Ausstattung abzulehnen.

1.3 Fächer anders denken

Was sind denn Unterrichtsfächer überhaupt, wenn nicht Lagerstätten des Wissens und Übungsplätze zur Ausbildung funktional-nützlicher Kompetenzen? Unterrichtsfächer umfassen reichhaltige, geschichtsträchtige und komplexe Formen gemeinsamen Lebens und Strebens, deren

Sinn und Wert in erster Linie darin besteht, den Erfahrungshorizont der Lernenden in mannigfaltiger Weise zu bereichern. Anhand eines transformativen Unterrichtsansatzes, beispielsweise in der Mathematik, lernen Schülerinnen und Schüler nicht nur mathematische Operationen durchzuführen, diese bei entsprechenden Problemstellungen anzuwenden und dadurch analytische Kenntnisse zu erwerben. Sie lernen auch solche Operationen als faszinierend, lebensbereichernd, sogar inspirierend wahrzunehmen. Sie lernen Gleichungen, Integrale, griechische Buchstaben und eine klug gelöste Problemstellung ebenso sehr wegen ihrer Eleganz zu schätzen wie als Beitrag zur persönlichen Kompetenzentwicklung. Sie beginnen, sich für Menschen in der Geschichte der Mathematik zu interessieren, von denen sie noch nie zuvor gehört haben, oder sich für abstruse mathematische Formen und Strukturen zu begeistern, die sie nun in der Natur entdecken können. Anhand einer transformativen Beziehung zum Fach Mathematik nähern sich die Schülerinnen und Schüler einer zunehmend erweiterten Sichtweise auf die Welt, die sowohl aus den besonderen Formen mathematischer Erkenntnisse als auch aus dem neu gewonnenen Zugang zur Erfahrungswelt der Mathematik hervorgeht.

Fächer umfassen also viel mehr als bloßes Wissen, viel mehr als Problemstellungen zur Förderung von nützlichen Kompetenzen, Kenntnissen und Dispositionen. Sie verfügen über fesselnde disziplinäre Geschichten und Kulturen; einzigartige Formen der Verständigung und der zwischenmenschlichen Beziehung; gemeinsame Werte, Tugenden und Ideale sowie neue Möglichkeiten der ästhetischen Wertschätzung und Würdigung, die bisher übersehenen oder missverstandenen Domänen der Erfahrung Farbe und Leben verleihen. Es sind ebendiese *Quellen intrinsischen Wertes* – d.h. die lebensweltlichen, zwischenmenschlichen, ethischen und ästhetischen Aspekte der Unterrichtsfächer –, die transformatives Lernen auf besondere Weise ermöglichen.

Definition Transformatives Lernen

- Transformatives Lernen bezeichnet das gezielte Streben nach der *Erweiterung und Vertiefung des eigenen Erfahrungshorizonts* durch die intensive Auseinandersetzung mit fachlichen Inhalten.
- Transformatives Lernen geht aus der Überzeugung hervor, dass die Unterrichtsfächer ein breites Spektrum an Perspektiven und Praktiken bieten, die zur *Gestaltung eines erfüllten und selbstbestimmten Lebens* fruchtbar sind.
- Transformatives Lernen wird durch Lehrmethoden gefördert, die darauf abzielen, Lernende an die *Quellen intrinsischen Wertes* innerhalb der Fächer heranzuführen.

Eine pädagogische Haltung, die die Möglichkeiten fachlichen Lernens jenseits der Ausstattung vernachlässigt, verkürzt somit das Bildungspotenzial des Klassenzimmers in radikaler Weise. Junge Menschen *wollen* transformatives Lernen erleben, sie *wollen* das Gefühl haben, dass ihre Bemühungen in der Schule nicht nur einer vagen Zukunft oder einem vergänglichen Jetzt dienen, sondern dass sie durch den Unterricht mit Perspektiven und Praktiken in Berührung kommen, deren Wert in sich selbst liegt – auch wenn sie es nicht explizit zum Ausdruck bringen können (und selbstverständlich nicht mit dieser Terminologie). Die Anerkennung der Quellen intrinsischen Wertes innerhalb der Unterrichtsfächer bildet deshalb eine wesentliche Voraussetzung zur Gestaltung eines transformativen Unterrichts.[5] Um es pointierter auszudrücken: Dieser Band wird demjenigen nur wenig bieten können, der nicht daran glaubt, dass diese weiteren Facetten im eigenen Fach vorhanden sind, dass sie von den Lernenden zumindest prinzipiell aufgenommen werden können und dass sie nicht bloß zur Ausstattung gegenüber den angeblichen Anforderungen der Welt förderlich sind. Es führt kein Weg daran vorbei: man muss den Facettenreichtum seiner Unterrichtsfächer in einer umfassenden Weise begreifen, und noch mehr: man muss sich von den eigenen Fächern begeistern und faszinieren lassen, wenn sie von jungen Menschen als – zumindest mögliche – Gegenstände der Wertschätzung und intensiven Auseinandersetzung erlebt werden sollen.

Dabei ist wichtig zu beachten, dass die gemeinte Beziehung zum Fach noch nicht zustande gekommen ist, wenn die Quellen intrinsischen Wertes innerhalb des Fachs bloß

5 Der Begriff »Quellen intrinsischen Wertes« ist nicht mit dem Begriff der »intrinsischen Motivation« oder auch der »intrinsischen Wertüberzeugungen« in der psychologischen Bildungsforschung gleichzusetzen. Denn die Lerntheorien, denen diese Begriffe entstammen, wollen charakteristisch keine Aussagen darüber treffen, *worin* solche subjektiv-psychologischen Einstellungen und Emotionen gründen sollen (vgl. Costache et al., 2021). Meine These ist, dass Lernmotivationen und Wertüberzeugungen am wirksamsten sind, wenn sie an die lebensweltlichen, zwischenmenschlichen, ethischen und ästhetischen Aspekte fachlicher Inhalte angebunden sind.

zu einer Effektivitätssteigerung der Wissensvermittlung oder der Kompetenzentwicklung aufgerufen werden – wenn diese also den Unterrichtsstoff nur »unterhaltsam« oder »lustig« machen sollen. Bei einem transformativen Unterrichtsansatz geht es nicht darum, die Schülerinnen und Schüler nur zu amüsieren, damit sie die Unterrichtsinhalte zielsicherer verinnerlichen. Ein solcher Ansatz wäre nicht nur ein weiteres Erzeugnis des Ausstattungsmodells der Bildung. Er liefe auch auf ein weiteres Missverständnis über die Rechtfertigungsbasis fachlichen Lernens hinaus. Denn es sind die lebensweltlichen, zwischenmenschlichen, ethischen und ästhetischen Dimensionen der Fächer, die die Auseinandersetzung und Aneignung fachlicher Erkenntnisse überhaupt erst begründen. Der Schulalltag ist mit dem Lernen in Fächern statt mit dem Auswendiglernen von Werbespots oder dem Lesen von Nachrichten ausgefüllt, weil die Fächer einen besonderen Wert für die Erweiterung, Bereicherung und Vertiefung der Erfahrung in sich bergen.

Die transformative Ausrichtung fachlicher Bildung fördert auf diese Weise auch eine zentrale demokratische Zielsetzung der Schule. Denn es ist ein Grundgedanke demokratischer Gesellschaften, jedem Menschen, unabhängig von seinem sozioökonomischen, ethnischen, religiösen oder persönlichen Hintergrund, die Chance zuteilwerden zu lassen, so weit wie möglich sein Potenzial als Individuum zu verwirklichen. »Das individuelle Potenzial zu verwirklichen« impliziert nicht nur die Mäßigung oder Beseitigung von sozialen Ungleichheiten, die der Formulierung und Realisierung des je eigenen Selbstkonzepts im Wege stehen. Positiv betrachtet, deutet diese Formel auch auf

Formen pädagogischer Handlung hin, die – idealerweise – auf eine Bereicherung und Intensivierung der individuellen Erfahrung abzielen.[6] Eine solche Erhöhung der Erfahrungsqualität lässt sich als ein entscheidendes Kriterium für als »demokratisch« geltende Bildung verstehen, da sie sowohl an und für sich wertvoll ist als auch einen sinngebenden Endzweck für soziale und politische Bestrebungen abbildet. Demnach setzt man sich etwa für die Gleichbehandlung von Minderheiten, für den Aufbau von lebenswerten und ökologischen Städten oder für humanere Arbeitsbedingungen ein, da das Gelingen dieser Projekte das gemeinsame soziale Leben bereichert – es führe zu einem vertieften Gefühl von Gemeinschaftlichkeit, Naturverbundenheit und persönlichem Wohlergehen. Die Unterrichtsfächer sind Bereiche des Denkens und Handelns, die sich – in einigen Fällen seit Jahrtausenden – als wirksamste Praktiken zur Vertiefung und Bereicherung der Erfahrung erwiesen haben.[7] Auch aus diesem Grund sollten Unterrichtsansätze

6 Die klassische Begründung dieses Standpunkts ist bei John Deweys (2011) *Demokratie und Erziehung* (erstmals 1916 auf Englisch erschienen) zu finden, die jüngst in den neueren Arbeiten von Hartmut Rosa (2016) und Rahel Jaeggi (2016) wieder aufgegriffen wurden.

7 Fächer sind natürlich nicht die *einzigen* Aktivitäten, die zur Erhöhung der Erfahrungsqualität beitragen. Handwerkliche Tätigkeiten, religiöse Observanz und Sport sind ebenfalls wichtige und vergleichbar sehr zugängliche Domänen der Erfahrungsbildung. Einige Anhänger der klassischen Reformpädagogik folgerten fälschlicherweise daraus, dass die überlieferten Unterrichtsfächer aus dem Lehrplan verdrängt werden müssten, um Raum für solche Aktivitäten zu schaffen. Damit haben sie jedoch essenzielle Bestandteile einer erfahrungsbereichernden und demokratieför-

priorisiert werden, die in einem umfassenden Sinne zur Bereicherung der Erfahrung beitragen.

Die transformative Auffassung fachlicher Bildung besteht somit darauf, dass der Unterricht viel mehr kann als bloß ausstatten oder belehren: Er kann anregen und faszinieren. Er kann die Augen öffnen und neue Motivationsquellen erwecken. Er kann inspirieren. Diese Eigenschaften des Unterrichts sind nicht nur angenehme Zusätze zum Lernprozess, die vor allem nebensächlicher Art sind. Vielmehr sind sie allesamt Zeichen dafür, dass die Fachlichkeit des Fachunterrichts sachgemäß aufgefasst und vollständig eingelöst wird.

Dabei darf man natürlich Zweifel hegen, ob transformative Methoden in einem gegebenen Unterrichtskontext oder im eigenen Klassenzimmer gelingen können. Man mag sich fragen, welche Vorbedingungen geschaffen und Vorkehrungen getroffen werden müssen, damit junge Menschen für die umfassenden Möglichkeiten des Unterrichtsstoffs empfänglich werden. Außerdem wäre es ganz und gar verständlich, wenn sich im Laufe der Jahre ein gewisser Zynismus gegenüber dem Potenzial der Schule und des schulischen Unterrichts eingeschlichen hat, insbesondere wenn man langjährig an einer dysfunktionalen Schule oder mit demotivierten Schülerinnen und Schülern gearbeitet hat. Das transformative Unterrichtsmodell, das in den folgenden Kapiteln dargelegt wird, soll nicht nur Orientierungshilfen für »intakte« Lehr- und Lernumgebungen

derlichen Bildung entfernt, sofern die Fächer auf einzigartige Weise eine Steigerung der Erfahrungsqualität ermöglichen (Strike, 2005).

bieten, sondern auch methodische Hinweise bereitstellen, die spezifisch auf die Bearbeitung häufiger Schwierigkeiten und Herausforderungen im Schulalltag ausgerichtet sind. Anhand des vorgelegten Modells soll es möglich sein, diesen externen Belastungen und den damit einhergehenden pädagogischen Engführungen gegenüber wirksam Widerstand zu leisten, und zwar innerhalb der bestehenden Bedingungen schulischer Bildung. Meine Hoffnung ist, dass sich dadurch neue Wege für den Bezug zu den Unterrichtsfächern – sowohl für Schülerinnen und Schüler als auch für Lehrerinnen und Lehrer – ebnen lassen, insbesondere, wenn das Gefühl für die Bedeutsamkeit und den Sinn der Unterrichtsinhalte fehlt oder beschädigt worden ist.

1.4 Überblick über die Kapitel

Die Kapitel dieses Bandes beschäftigen sich also mit der Frage, wie transformative Begegnungen und Berührungen mit dem Unterrichtsstoff ermöglicht werden können. Wie können Lehrkräfte Bedingungen in ihren Klassenzimmern schaffen, so dass sich die volle Breite und Tiefe ihrer Fächer und damit auch ihr transformatives Potenzial entfalten lassen? Welche Lehrmethoden dienen dieser Zielsetzung? Was kann dabei missglücken? Was muss bei der Konzeption und Planung von transformativen Unterrichtsstunden unbedingt beachtet werden? Und wie lassen sich transformative Methoden einsetzen, um Demotivation, Passivität, Langeweile oder Entfremdung entgegenzuwirken? Basierend auf zahlreichen Beispielen, Fallstudien sowie den jüngsten Ergebnissen der interdisziplinären erziehungs-

und bildungswissenschaftlichen Forschung skizziert dieser Band einen praktischen Orientierungsrahmen für transformativen Unterricht, der sich in verschiedenen Lehr- und Lernkontexten umsetzen lässt.

Bevor direkt auf die Lehrmethoden eingegangen wird, die diesem Modell zugehörig sind, werden im 2. Kapitel einige Fallstudien – oder *Porträts* – transformativen Lernens diskutiert. Diese Porträts stammen aus qualitativen leitfadengestützten Interviews, die im Sommer 2022 geführt wurden. Der Schwerpunkt der Interviews war der folgende. Die Befragten – meist Lehramtsstudierende im zweiten Semester – sollten über Lehrerinnen und Lehrer sprechen, die einen prägenden Einfluss auf ihr Leben hatten. Im Rahmen dieser Interviews erzählten die Befragten beeindruckende und zum Teil auch bewegende Geschichten über einflussreiche Lehrpersonen sowie über die Methoden, die sie mit beachtlichem Erfolg in ihren Klassenzimmern einsetzten. Das Kapitel konzentriert sich auf den Verlauf von drei besonders prägnanten transformativen Lernerfahrungen bei drei verschiedenen Schülerinnen, wobei Auszüge und Beispiele weiterer Interviews in den methodischen Diskussionen der Folgekapitel herangezogen werden. Das zentrale Ziel dieses Kapitels ist es, die besonderen Eigenschaften transformativen Lernens und somit das Kernanliegen eines »transformativen« Unterrichts an Beispielen darzustellen.

Die Darlegung und praktische Erläuterung eines transformativen Unterrichtsmodells erfolgen dann in den Kapiteln 3 und 4. Im 3. Kapitel wird insbesondere auf die *Anfänge* transformativen Lernens eingegangen – also auf Methoden, die transformatives Lernen anregen. Die Diskussion geht dabei auf das Anregungspotenzial von »Irritationen« ein, welche besonders gewinnbringend durch das Auftreten der Lehrkraft, durch pädagogische Transparenz sowie durch Zuneigung gegenüber den Schülerinnen und Schülern ausgelöst werden.

Im 4. Kapitel wird thematisiert, wie Unterricht oder eine Unterrichtsreihe gestaltet werden kann, so dass transformatives Lernen konsequent aus solchen Anregungsmomenten entsteht. Es wird ein Orientierungsrahmen dargestellt, der vier Kernelemente umfasst: die Irritation (1), den Spannungsbogen (2), den Perspektivenwechsel (3) und die Überantwortung (4). Was diese verschiedenen Unterrichtselemente bedeuten und wie sie gelingend inszeniert werden können, wird durch viele praktische Beispiele veranschaulicht.

Im 5. und letzten Kapitel werden die Hürden und Hindernisse des transformativen Unterrichts ausführlich erörtert. Um dieser Diskussion eine konstruktive Wendung zu geben, werden in diesem Kapitel auch mehrere Voraussetzungen für das Gelingen transformativen Unterrichts aufgezeigt, die konkrete Strategien zur Vermeidung oder Überwindung dieser Hürden und Hindernisse nahelegen. So soll sich das transformative Unterrichtsmodell als ein flexibler, realitätsnaher didaktischer Ansatz zeigen, der Lehrkräften konkrete Ressourcen zur Meisterung der erheblichen Herausforderungen im heutigen Bildungswesen bietet.

Mit dieser thematischen Ausrichtung wird der vorliegende Band nicht alle relevanten Aspekte der Theorie und Praxis transformativen Lernens ansprechen können. Die Absicht des Bandes ist es, eine theoretisch und empirisch gestützte praktische Orientierung für Lehrkräfte zu bieten, die sich in »klassischen« Lehr- und Lernkontexten bewegen. Transformatives Lernen ist natürlich auch außerhalb solcher Bildungsorte möglich – in Ausbildungsstätten, diversen Kontexten der Erwachsenenbildung, in Museen oder an Orten politischer Bildung. Die bisherige Diskussion zum transformativen Lernen im deutschsprachigen Raum konzentrierte sich eher auf solche außerschulischen Lehr- und Lernkontexte anstatt auf schulische Bildungsorte.[8] Die prominente Forschungsdiskussion zur sogenannten »Theorie transformatorischer Bildung« bezieht beispielsweise die Gestaltungsmöglichkeiten transformativer Bildungskonzepte im Kontext schulischen Lernens bislang kaum mit ein.[9] Der vorliegende Band will somit dazu beitragen, eine systematische Leerstelle innerhalb dieses Forschungsfeldes zu schließen.

Dabei wird es nicht möglich sein, einen umfassenden Überblick über die Forschungslandschaft zum transformativen Lehren und Lernen zu geben. Die internationale Dis-

8 Dies ist nicht zuletzt darauf zurückzuführen, dass der Begriff »transformatives Lernen« hauptsächlich in der Erwachsenenbildung rezipiert worden ist, wo er als direkte Übersetzung des englischen Begriffs »transformative learning« fungiert. Die sogenannte Transformative Learning Theory stammt von dem amerikanischen Erziehungswissenschaftler Jack Mezirow (1978, 1981) und gilt dort als das leitende theoretische Paradigma der Erwachsenenbildung. Siehe Nohl (2016) für eine Analyse dieser begrifflichen Rezeption und deren Implikationen für die Bildungstheorie.

9 Zur Übersicht über diese Theorietradition siehe Koller (2018). Zur Kritik der dort zu findenden »Entpädagogisierung des Bildungsbegriffs« siehe Giesinger (2022).

kussion zu diesen Themen ist äußerst umfangreich, interdisziplinär sowie zunehmend unübersichtlich: Es konkurrieren derzeit eine große Vielfalt stark divergierender Vorschläge für die Theorie und Praxis transformativer Bildung miteinander, die auch häufig ohne (plausible) normative Fundierung, empirische Begründung und praktische Anwendung geblieben sind.[10] In meinen bisherigen Arbeiten habe ich dafür argumentiert, dass sich die zahlreichen Konzepte transformativer Bildung in eine Reihe konzeptueller »Paradigmen« differenzieren lassen, innerhalb deren die Zielsetzungen transformativer Bildung grundverschieden ausgelegt werden. Die überwiegende Mehrheit dieser Konzepte kann einem Ansatz zugeschrieben werden, der die Auslöser transformativer Lern- und Bildungsprozesse als vornehmlich disruptive (störende) Ereignisse deutet.[11] So lässt sich eine weitere systematische Leerstelle der Forschungsdiskussion beobachten, die dieser Band wiederum zu korrigieren sucht. Denn im Gegensatz zur disruptivistischen Behandlung des Themas wird in diesem Band die bisher eher vernachlässigte »Kraft des Konstruktiven« fokussiert. Das heißt, es wird vornehmlich auf Formen der unterrichtlichen Anregung, Motivation und Förderung eingegangen, die mehr inspirieren als »stören«.[12] Wenn sich der Leser bzw. die Leserin für diese und weitere relevante

10 Als Ausnahmen gelten die Arbeiten von Kevin Pugh: siehe Pugh (2020) and Pugh et al. (2020). Für eine weitere, etwas anders gelagerte Kritik des Diskurses siehe Drerup (2019).

11 Für eine umfassende Darlegung dieser Thesen siehe Yacek (2019, 2021, 2022).

12 Zur Kritik der *disruptivistischen* Sichtweise auf Bildung siehe Yacek & Gary (2022). Vergleiche auch Parks (2022, S. 46–63) Kri-

Debatten in der zeitgenössischen Erziehungswissenschaft interessiert, kann man sich die begleitenden Fußnoten in diesem Band zunutze machen, die Hinweise auf einschlägige Quellen und Positionen beinhalten.[13]

Ein weiterer Punkt, den es in künftigen Arbeiten zu adressieren gilt, wäre der Vergleich des hier vorgelegten transformativen Unterrichtsmodells mit bestehenden didaktischen Ansätzen. Mit der Nicht-Thematisierung dieser Ansätze in diesem Band ist nicht die Annahme verbunden, dass das transformative Unterrichtsmodell diese ersetzen könnte. Der hier skizzierte Orientierungsrahmen für transformativen Unterricht kann vielleicht am gewinnbringendsten als eine pädagogische Ergänzung verstanden werden, welche sich an eine Vielfalt von didaktischen Ansätzen und Lehrstilen anschließen lässt. Anders gesagt: die An-

tik der angeblichen Unverfügbarkeit der Bildung, welche im bildungstheoretischen Diskurs vielerorts unterstellt wird.

13 Mit dieser Schwerpunktsetzung steht die Argumentation dieses Buches in mancher Hinsicht dem ideologischen Mainstream der deutschsprachigen Bildungstheorie entgegen. Demnach wird unterstellt, dass konstruktive Transformation und Bildungsprozesse in schulischen Lehr- und Lernkontexten immer schon von Macht und Ungleichheit durchdrungen seien, so dass entsprechende Lehrmethoden entweder als pädagogische Übergriffe oder als hoffnungslose Idealvorstellungen zu verstehen sind. Da diese Einstellung in der Regel ohne Verweis auf die relevanten ethischen Argumentationsformen und Konzepte, die solcherlei pädagogische Handlungsansätze zumindest prinzipiell rechtfertigen könnten, propagiert wird, werde ich an dieser Stelle nicht weiter darauf eingehen. Für eine ausführliche ethische Fundierung eines transformativen Unterrichtsansatzes siehe Yacek (2021, 2020) sowie Mezirow (1989).

wendung dieses Modells erfordert keine ausführlichen curricularen Voraussetzungen oder pädagogischen Vorbedingungen. Es erfordert erst einmal die Einstellung, die William Wordsworth einst in die Worte gefasst hat: »What we have loved, others will love, and we will teach them how.«

2 Porträts transformativen Lernens

Im vorherigen Kapitel wurde dargelegt, dass transformatives Lernen eine Leitidee der pädagogischen Praxis darstellt. Transformatives Lernen weist auf eine besondere Art der Begegnung mit dem Unterrichtsstoff hin, bei der die Lernenden Kontakt zu den Quellen intrinsischen Wertes innerhalb der Unterrichtsfächer herstellen. Wenn junge Menschen mit diesen Aspekten fachlicher Inhalte in Berührung kommen, fangen sie an zu erkennen, dass ihre Beschäftigung mit den Unterrichtsfächern nicht nur zur Erweiterung ihres Wissens beitragen kann. Sie stellen fest, dass die Fächer über eine reichhaltige Erfahrungswelt verfügen, die ihre Beziehung zu ihrem Selbst und der Welt maßgeblich und sinnstiftend bereichern kann.

Mit dieser Formulierung werden freilich nur die allerersten Grundzüge transformativer Lernprozesse zum Ausdruck gebracht. Wie sieht es in der Praxis aus, wenn es gelingt, einen solchen transformativen »Kontakt« zum intrinsischen Wert des Fachs herzustellen? Welche neuen Einsichten und Perspektiven gewinnen junge Menschen daraus? Wie prägen diese neuen Einsichten ihr werdendes Selbstverständnis und Selbstkonzept? Wie kommen solche Erfahrungen überhaupt zustande? Und welche Folgen haben sie für die Gestaltung des Unterrichts? In diesem Kapitel werden mehrere Fallstudien vorgestellt, die charakteristische Merkmale transformativer Lernerfahrungen veranschaulichen. Diese Fallstudien basieren jeweils auf leitfadengestützten Interviews, die hauptsächlich mit Studierenden im zweiten Semester des Lehramtsstudiums durchgeführt wurden. Die zentrale Zielsetzung der Interviews war es, über Lehrerinnen und Lehrer in der Schulzeit zu berichten, die aus der Sicht der Befragten einen besonderen Einfluss auf sie und ihr Leben genommen haben. Auf diese Weise sollte nachvollzogen werden, inwieweit die Befragten Lernerfahrungen mit transformativem Charakter machten und welche neuen biografischen Verläufe und Konturen daraus entstanden sind.

Mit dieser Schwerpunktsetzung ließen sich in der Tat viele eindrucksvolle Erlebnisse transformativen Lernens rekonstruieren – so viele, dass in diesem Kapitel nur ein Bruchteil davon besprochen werden kann. Diese beeindruckende Resonanz ist nicht nur deswegen ermutigend, weil sich dadurch empirische Grundlagen und Anhaltspunkte für den transformativen Unterrichtsansatz bilden lassen, der in den Folgekapiteln dargelegt wird. Sie zeigt außerdem, dass transformatives Lernen bereits in unzähligen Klassenzimmern geschieht. Das Problem, das dieser Band fokussiert, ist also nicht, dass transformatives Lernen im heutigen Bildungswesen nicht zu finden sei, sondern dass es nicht mit der Regelmäßigkeit vorkommt, die wünschenswert wäre. Die Rekonstruktion real erlebter, transformativer Lernerfahrungen, die in diesem Kapitel unternommen wird, soll den ersten Schritt ermöglichen, um diese Regelmäßigkeit systematisch zu etablieren.

2.1 »Ihr könnt das wirklich mit dem Herzen begreifen« (Englisch, 12. Klasse)

Magdalena war nie eine »Lern-Schülerin«, wie sie sich selbst im Interview charakterisierte. Obwohl sie sich immer wieder für die Inhalte des Unterrichts interessierte, schien ihr Engagement wieder zügig zu schwinden, sobald die Glocke zum Unterrichtsende läutete. Magdalena nahm zwar gewissenhaft am Unterricht teil und fand öfters Gefallen am Unterricht – nur konnte sie sich nicht regelmäßig aufraffen, ihre Hausaufgaben zu machen, für Prüfungen zu lernen oder sich überhaupt auf den Unterricht vorzubereiten. Magdalena war im Großen und Ganzen zufrieden mit ihrem Schulleben sowie mit ihrem Notenspiegel, der sich durchschnittlich im schlechteren Zweierbereich befand. Doch wünschte sich Magdalena manchmal, dass ihre Leistung doch ein kleines bisschen besser wäre. Gelegentlich verwandelte sich dieser Wunsch sogar in eine gewisse Frustration: zum einen gegenüber sich selbst, da sie sich von ihrer »Lernfaulheit« zurückgehalten fühlte, und zum anderen gegenüber ihren Lehrerinnen und Lehrern, da sie ihr dabei nicht besonders viel halfen.

Doch das alles begann sich zu ändern, als Magdalena Herrn Müller kennenlernte. Ihre erste Begegnung mit Herrn Müller fand in der 10. Klasse im Rahmen der AG »Englisches Theater« an ihrer Schule statt. Obwohl sie keine formellen Unterrichtsstunden hatten, bemerkte Magdalena bald, dass Herr Müller einen ganz anderen Umgang mit der englischen Sprache pflegte, als sie es aus ihren bisherigen Englischkursen kannte. Englisch »ging irgendwie immer um Vokabeln lernen und Vokabeltests schreiben«, und ihre Lehrer zeigten dabei keine große Leidenschaft für den Unterricht. Herr Müller hingegen *liebte* diese Sprache, er bestand darauf, dass seine Schauspielerinnen und Schauspieler nicht nur die englische Aussprache sprachgetreu wiedergeben. Er legte Wert auf jede Nuance des Ausdrucks, die die Charaktere der Theaterstücke beleben könnte. Diese Beziehung zur englischen Sprache war für Magdalena anscheinend ziemlich ansteckend. Plötzlich ist Englisch »lebendig geworden«, erzählte Magdalena, so dass sie anfing, »in meinem Tagebuch auf Englisch zu schreiben, also total schreckliches Englisch, aber immerhin«. Als sie endlich in die 12. Klasse kam, brauchte sie überhaupt nicht darüber nachzudenken, ob sie Herrn Müllers Englisch-Leistungskurs belegen würde. Sie meldete sich direkt dafür an.

Erst in diesem Kontext kam es dazu, dass Magdalenas eigene Beziehung zur englischen Sprache aufblühte. Herrn Müllers Unterricht war zwar von der gleichen Begeisterung und Leidenschaft für die englische Sprache geprägt, die er im Englischen Theater vor- und auslebte, aber hier erreichten sie eine ganz andere Ebene. Im Interview erzählte Magdalena von einer Unterrichtsstunde, die dies auf besonders prägende Weise zeigte. Herr Müller hatte eine besondere Vorliebe für Shakespeares Sonett Nr. 18 – es war sein absolutes Lieblingsgedicht. Eines Tages kündigte er zu Beginn der Stunde an, dass es ihm wichtig sei, dass seine Schülerinnen und Schüler dieses Gedicht auswendig lernen. Seine Ankündigung stieß – was nicht überraschend ist – erstmal auf Jammern und Stöhnen. Doch Herr Müller war auf diesen Unmut vorbereitet. Denn er machte die Klasse auf eine sehr prägnante Einsicht aufmerksam, der im englischsprachigen Verständnis des »Auswendiglernens« gegenüber dem Deutschen zur Geltung kommt: Der Begriff »Auswendiglernen« heiße, so trug es Herr Müller mit Pathos vor, auf Englisch *learning by heart*. Man möge sich fragen, wie man denn mit dem *Herzen* lernen soll. Dies herauszufinden sei Sinn und Zweck der Beschäftigung mit dem Sonett Nr. 18.

Es gehe eben nicht darum, seine Inhalte blindlings zu repetieren und gedankenlos wieder abzuspulen – was mit dem deutschen Begriff des »Auswendiglernens« nahegelegt werde. Vielmehr sollten die Schülerinnen und Schüler die Bilder und Rhythmen, die Lektionen und Lebensweisheiten dieses wunderschönen Gedichts *ins Herz schließen.*

> Er hat gesagt: »Ihr erfasst das mit dem Herzen, ihr könnt das wirklich mit dem Herzen begreifen und aufnehmen. Es ist ein ganz großer Unterschied, ob ich etwas ablese, oder ob ich etwas ins Herz schließe. Dann geht es durch den ganzen Körper. Körper und Geist lernen gemeinsam. In meinem Klassenzimmer lernen wir Sonett 18 nicht *auswendig*, sondern mit dem Herzen.«

Man könnte vielleicht meinen, dieser Ansatz sei bloß eine poetische Strategie, um eine banale Lernaufgabe – ja, vielleicht die banalste Lernaufgabe schlechthin – in ausgeklügelter Weise zu rechtfertigen. Herr Müller machte jedoch deutlich, dass er mit dieser besonderen Rahmung der Aufgabe ein wesentliches pädagogisches Ziel verfolgte. Er wollte nämlich vermitteln, dass das »Lernen mit dem Herzen« als eine Art »Alternativmodus« des Sprachenlernens fungieren könnte. Sollte sich das volle Potenzial der englischen Sprache entfalten, so schien Herrn Müllers Botschaft zu lauten, müsste es nicht nur »durch den Kopf gehen«, sondern auch ins Herz aufgenommen werden.[1]

1 Weiterführend zur Idee der Herzensbildung und der Herzmetaphorik in Fragen der Erziehung und Bildung siehe Reichenbach (2018, S. 188).

Magdalena war gepackt. Bald bemerkte sie, dass sie nicht nur gelegentlich auf Englisch in ihr Tagebuch schrieb, sondern sich darüber hinaus mit Themen und Aufgaben auseinandersetzte, die für einen Teenager nicht ungewöhnlicher hätten sein können: Sie fing an, freiwillig weitere Shakespeare'sche Sonette zu lesen. Sie ließ sich zunehmend von den verschiedenen Methoden literarischer Analyse faszinieren und beschäftigte sich in ihrer Freizeit immer ausführlicher mit der englischen Kultur – von Beatles-Musik bis hin zum Prunk der britischen Monarchie:

> Was ich bis dahin durch das Englische Theater hatte, war vielleicht so, dass mein Zugang zur Sprache spielerischer und leichter geworden ist. Ich konnte das Englische alltäglicher betrachten. Was sich aber in dem Leistungskurs nochmal total geändert hat, war dann wie so ein, ich kann das schwer sagen: das war so ein Eintauchen in die Sprache. Plus die ganze englische Kultur. Und dann ging es so weit, dass ich dachte, ich will diese Sprachanalysen auch verstehen, Shakespeare lesen können und durchdringen und gucken, was da sprachlich passiert – was sind da für Neologismen? […] Und davon wurde ich nochmal ganz stark verändert und geprägt.

Der Perspektivenwechsel, den Magdalena gerade erlebt, ist von so besonderem Charakter, dass wir kurz bei seinen charakteristischen Merkmalen verweilen sollten. Magdalena ist – so lässt sich festhalten – mit dem *intrinsischem Wert* der englischen Sprache in Berührung gekommen. Wie im letzten Kapitel dargelegt, verweisen die »Quellen intrinsischen Wertes« auf die lebensweltlichen, zwischenmenschlichen, ethischen und ästhetischen Dimensionen fachlicher Inhalte, die von Lernenden als »an und für sich wertvoll« erlebt werden. Charakteristisch an dieser Art von Beziehung zum Lerngegenstand ist, dass Lernende ihr Leben und Handeln gemäß den Implikationen dieses Wertes verändern wollen – und nicht andersherum. Das heißt, wenn man Kontakt mit dem intrinsischen statt einem bloß extrinsischen Wert eines Lerngegenstandes herstellt, erkennt man nicht (nur) dessen Nutzen zur Optimierung der bisherigen Lebensbiografie – etwa zur Steigerung der eigenen Marktfähigkeit, der Berufsmöglichkeiten oder der Bildungschancen. Man stellt fest, dass der Lerngegenstand zur Gestaltung eines anderen, besseren, reicheren Lebens verhelfen kann. Man wird angespornt, *anders* zu werden.

Dass Magdalena mit dem intrinsischen Wert der englischen Sprache in Kontakt getreten ist, zeigt sich in einigen Aspekten ihrer Erfahrung. Sie interessiert sich nicht nur für den alltäglichen Nutzen der englischen Sprache, sondern in erster Linie für die neuen Ausdrucksmöglichkeiten, die sie bietet; die Kultur, die dahintersteht, sowie die Schönheit, die in ihrer Literatur zu finden ist. Sie ertappt sich dabei, wie sie neue Musikrichtungen erkunden möchte, obwohl sie von der Jugendkultur der damaligen Zeit sehr weit entfernt ist, sowie neue politische Interessen verfolgen möchte, obwohl sie ihrem aktuellen Selbstverständnis etwas entgegenstehen.

Herrn Müllers »Methoden«, solche Veränderungen in seinen Schülerinnen und Schülern auszulösen, scheinen auf den ersten Blick ziemlich simpel. Er trug zum Beispiel jeden Tag – ohne Ausnahme – eine extravagant-gemusterte Fliege und einen dazu passenden Anzug zum Unterricht.

Er bestand darauf, nicht »Herr Müller«, sondern tatsächlich »Sir Müller« genannt zu werden. Und er sprach regelmäßig im Unterricht über seine eigenen Erfahrungen mit der englischen Sprache. Er erzählte seinen Schülerinnen und Schülern von seinen Reisen durch England, z. B. wie aufregend es für ihn war, zum ersten Mal einem Theaterabend im Londoner Globe Theatre beizuwohnen. Er erzählte ihnen von seinen modebewussten englischsprachigen Freunden, insbesondere von ihrem schrulligen, staubtrockenen Sinn für Humor, den er zugegebenermaßen nur zur Hälfte verstand. Und er erzählte ihnen von seinen peinlichsten Momenten, als er beispielsweise versuchte, junge Engländerinnen mit seinem Schulenglisch anzusprechen. Durch solche persönlichen Geschichten konnte Herr Müller am Beispiel seines eigenen Lebens zeigen, dass man durch den Englischunterricht nicht nur eine weitere Sprache, sondern auch eine reichhaltige neue »Kultur, in der [man] total zu Hause ist«, gewinnt, so Magdalena.

Diese verschiedenen neuen Berührungspunkte mit der englischen Sprache führten zum Ergebnis, dass Magdalenas Beziehung zum Fach nochmal eine neue Qualität annahm. Magdalena erlebte nämlich einen bedeutenden Perspektivenwechsel nicht nur gegenüber den besonderen Möglichkeiten der englischen Sprache, sondern auch gegenüber ihrem Verständnis von Sprache im Allgemeinen. Magdalena drückte dies an einer Stelle des Interviews in beeindruckend reflektierten Worten aus.

> Also das ist jetzt etwas Philosophisches – […] Sprache ist so eine Möglichkeit davon, dass ich mein Inneres nach außen kehren kann – dass ich versuchen kann, dir zu er-

lauben, so viel und so tief wie möglich in mich hineinzuschauen, oder auch umgekehrt, dass du mir erlaubst, so viel und so tief wie möglich in dich hineinzuschauen. Je mehr ich das auch auf Englisch kann, desto größer wird das Spektrum von Leuten, mit denen ich das teilen kann, mit denen ich mich austauschen kann.

Magdalenas Beobachtungen über die Sprache sind mehr als philosophische Grübeleien. Sie beschreibt, wie ihre Beziehung zur englischen Sprache ihren Selbst- und Weltbezug verändert. Magdalena ist zu der Erkenntnis gekommen, dass das Erlernen dieser Sprache eine einzigartige Bereicherung ihres Erfahrungshorizonts darstellt. Es wird ihr zunehmend klar, dass die englische Sprache eben nicht nur als internationale *lingua franca* wertvoll ist, sondern als ein Medium, durch das sie ihr »Inneres« zum Ausdruck bringen und ihr Selbstbild erweitern kann. In ihren Worten wird das »Spektrum von Leuten«, mit denen sie ihr Selbst teilen kann, maßgeblich erweitert.

Damit beginnt Magdalenas Beziehung zum Fach Englisch auch eine besondere Form der Motivation aufzuweisen, die für ihre weitere Entwicklung mit der Sprache von zentraler Bedeutung sein wird. Magdalenas Wunsch, einen erweiterten Selbstausdruck in der englischen Sprache zu erreichen, lässt sich nämlich als *Aspiration* bezeichnen. Aspiration – zu Deutsch: ›Bestreben‹ oder ›Anstreben‹ – ist eine charakteristisch wertorientierte Form der Motivation, die dann entsteht, wenn Lernende mit dem intrinsischen Wert des Lerngegenstandes in Berührung kommen. Dabei wird nicht nur die *Gegenwart* dieses Wertes erkannt, sondern auch die Tatsache, dass dieser Wert in einiger *Entfer-*

nung vom derzeitigen Zustand liegt. Im Modus der Aspiration wird versucht, diese Entfernung zu überwinden: Man will beispielsweise die Möglichkeiten des jeweiligen Fachs weiter erkunden und dabei seinen Anforderungen und Ansprüchen zunehmend gerecht werden. Man will herausfinden, wie die eigene Perspektive dadurch bereichert und vertieft wird. Und man will am Beispiel des eigenen Selbst erfahren, wie sich das Leben anders gestalten lässt, wenn man sich die fachlichen Inhalte zu Herzen nimmt.

»Aspiration« mag zwar ein ungewohnter Begriff sein, er bezeichnet jedoch ein wesentliches und gut identifizierbares Phänomen menschlichen Lebens.[2] Aspiration ist die motivationale »Antwort« auf die Wahrnehmung von etwas Größerem: einem Versprechen, das wir in einer Aktivität oder Beschäftigung erkennen – etwa wenn wir eine berührende Komposition für die Gitarre hören und daraufhin das Instrument zu erlernen beginnen; wenn wir uns nach einem prägenden Museumsbesuch selbst an der Malerei versuchen oder wenn wir einen besonderen Lehrer wie Herrn Müller in der Schule hatten, der es geschafft hat, in uns eine lebenslange Faszination für die englische Sprache zu erwecken. Solche Momente können zu wichtigen Wendepunkten des eigenen Lebens werden, sofern danach ausreichend Gelegenheit geboten ist, das neu entstandene Interesse weiterzuverfolgen. Aspiration sorgt dafür, dass wir diese Gelegenheit finden. Sie ist die motivationale Triebkraft, die zur profunden, dauerhaften und letztlich transformativen

2 Zum Begriff der Aspiration und seinem Status als einzigartiger Form menschlicher Motivation siehe Callard (2018) und Yacek (2021, Kapitel 4 und 5).

Auseinandersetzung mit wertvollen Aktivitäten und Lebensformen motiviert.

Magdalenas Beziehung zur englischen Sprache ist nicht nur deswegen als eine Aspiration zu bezeichnen, weil ihre Motivation einen solchen anhaltenden Charakter aufweist. Magdalena nimmt zudem eine Lücke oder einen Mangel wahr, von dem ihr bisheriger Wertehorizont geprägt ist. Sie ist von den Möglichkeiten und vom Facettenreichtum der englischen Sprache beeindruckt worden, aber ist sie noch nicht auf der Ebene innerhalb der Sprache angelangt, an der sie sein möchte – wo sie diese Möglichkeiten und diesen Facettenreichtum vollumfänglich erleben könnte. So ist sie mit ihrem jetzigen Zustand nicht gänzlich zufrieden. Wie sie an einer Stelle des Interviews bemerkte: »Ich wollte nicht nur flapsig sprechen und mich irgendwie verständigen können, sondern auch ein Niveau anstreben. Herr Müller hatte dieses Interesse erst geweckt.«

Man könnte Magdalenas selbstkritischen Wunsch, ein gewisses »Niveau« in der Sprache zu erreichen, auch als eine bloße Ambition zur Erhöhung der sprachlichen oder fachlichen Leistung verstehen. Doch Magdalena lehnt eine solche Lesart explizit ab. Als ich sie daraufhin fragte, was sie mit »Niveau« meinte, gab sie eine faszinierende Antwort. Sie sagte nämlich, dass es ihr nicht nur darum ginge, eine sprachtechnisch »gute« Leistung in der Sprache erbringen zu können. Was sie an der Auseinandersetzung mit der englischen Sprache so schätze, sagte sie, war vielmehr die Fähigkeit, eine *Entscheidung* in der Art und Weise treffen zu können, *wie* – also mit welchen Nuancen und Feinheiten des Ausdrucks – sie ihre Gedanken und Gefühle zur Sprache bringt.

Ich: Also du wolltest dann auf ein Niveau kommen, auf dem du nicht nur die Sprache akkurat sprechen, sondern eine gewisse Qualität erreichen konntest?
Magdalena: Eine Qualität, und vielleicht auch eine *Entscheidung*. Eine Entscheidung, wie ich etwas ausdrücken will, dass ich mehr anfangen kann, ein größeres Farbspektrum in der Sprache abzubilden. Nicht einfach nur: »ich kann was sagen«, sondern »ich kann es genau sagen, wie es sein soll«.

Ein zusätzlicher Aspekt dieses Interview-Auszugs ist zur weiteren Bestimmung transformativer Lernerfahrungen von besonderer Bedeutung. Magdalenas Verweis auf ihr neu entwickeltes Entscheidungsvermögen legt nämlich nahe, dass ihre Beschäftigung mit der englischen Sprache nicht nur in eine gesteigerte Sprachkompetenz mündete. Magdalena hat das Gefühl, dass sie nun über eine intensivierte *Handlungsfähigkeit* verfügt.[3] Magdalena nimmt die Grenzen ihrer Identität als nicht mehr so eingeengt oder passiv wahr wie zuvor; sie liegen in ihrer Kontrolle. Magdalena erlebt die Entstehung ihrer aspirativen Beziehung zum Fach Englisch als eine *Selbstermächtigung*.

Das Gefühl von erhöhter Handlungsfähigkeit und Selbstermächtigung bei aspirativen Lernprozessen trägt dazu bei, dass die selbstkritische Dimension der Aspiration mit starken positiven Emotionen ausgeglichen wird – mit Inspiration, Staunen, Faszination oder Freude, die den motivationalen Effekt des Lerngegenstandes weiter stärken.

3 Callard (2018) beschreibt Aspiration als die »agency of becoming«, d. h. den Willen zum Anderswerden.

So beginnt eine Art Kettenreaktion, nachdem die ersten Türen zum Wert des Lerngegenstandes geöffnet sind. An einigen Stellen im Interview charakterisierte Magdalena ihre Beziehung zur englischen Sprache mit ebendiesen Worten:

> Durch Herrn Müller habe ich überhaupt die Faszination der Sprache von Shakespeare, die Reichhaltigkeit dieser Sprache und gleichzeitig die Ruhe, ruhige Form, in der trotzdem so viel Menschlichkeit steckt … Die erste Begegnung zwischen Romeo und Julia zum Beispiel – es ist ein Sonett, es ist ein Gedicht – da könnte ich heulen! Das ist das erste Mal, dass sich zwei Menschen treffen, und sie sprechen einander mit einem Gedicht an, mitten in einem Dialog! Das ist doch wunderschön!

Mit solchen Aussagen kommt die emotionale Affirmation im Kern transformativen Lernens deutlich zum Vorschein. Vollständiger, transformativer Kontakt mit dem intrinsischen Wert des Lerngegenstandes geschieht nicht nur auf kognitiv-intellektueller Ebene. Er muss auch eine affektive und bejahende Dimension erreichen, wenn die Beschäftigung mit dem Lerngegenstand tatsächlich in einer aspirativen Beziehung zu ihm münden soll.

Der Entwicklungsverlauf transformativen Lernens

Transformatives Lernen geht aus einer wertorientierten Form der Motivation hervor, die sich *Aspiration* nennen lässt. Lernprozesse, die von aspirativen Motivationen gestützt sind, umfassen vier konzeptuell unterschiedliche, in der Praxis jedoch oft gleichzeitige psychologische Stadien:

1. *Anerkennung* eines intrinsischen Wertes der fachlichen Inhalte
2. *Wahrnehmung* einer Distanz zwischen dem jetzigen und dem zukünftigen Zustand, in dem man diesen Wert vollends begreifen wird
3. *Entscheidung*, durch eine intensive Auseinandersetzung mit dem Lerngegenstand anders zu werden
4. *Vollzug* neuartiger Denk- und Handlungsformen, Selbstkonzepte und Freizeitaktivitäten, um den eigenen Erfahrungshorizont anhand der fachlichen Inhalte zu transformieren

Eine solche emotionale Bindung zu fachlichen Inhalten – vor allem, wenn sie von der Lehrkraft vorgelebt wird – wird anfangs für viele junge Menschen befremdlich oder gar absurd erscheinen. Lehrerinnen und Lehrer wie Herr Müller scheinen jedoch in der Lage zu sein, diese anfängliche Fremdheit durch einfache, aber effektive Methoden zu durchbrechen. Bevor auf die Systematik hinter solchen Methoden eingegangen wird, werden noch zwei zusätzliche Fallstudien dargestellt, um weitere Merkmale transformativen Lernens festzuhalten.

2.2 »Okay, jetzt haben wir Religion, jetzt müssen wir uns anstrengen« (Religion, 10. Klasse)

Wenn die Methoden von Herrn Müller etwas unkonventionell erschienen sind, so werden jene von Frau Hektor –

der Lehrerin, von der die nächste Befragte berichtete – geradezu verblüffend wirken. Frau Hektor war in ihrer Schule dafür bekannt, ziemlich streng zu sein. Einige Schülerinnen und Schüler hatten sogar Angst vor ihr (auch wenn es diejenigen waren, die nicht an ihrem Religionsunterricht teilgenommen hatten). Frau Hektor stand nur wenige Jahre vor ihrer Pensionierung und hatte hohe Ansprüche – sehr hohe Ansprüche. Sie scheute sich nicht davor, ihre Klassen zurechtzuweisen, wenn sie sich nicht richtig auf den Unterricht vorbereitet oder eine Antwort nicht gründlich genug durchdacht hatten, und kaum jemand schaffte es, eine 1 von ihr zu bekommen. Dies sprach sich schnell herum, so dass die Befragte, Elisa, ziemlich angespannt war, als sie in der 10. Klasse dem Religionsunterricht von Frau Hektor zugeteilt wurde. Vielleicht sollte sie stattdessen lieber den Ethik-Kurs belegen?

Bereits in den allerersten Augenblicken der ersten Unterrichtsstunde bei Frau Hektor schienen sich Elisas Befürchtungen zu bestätigen. Als Frau Hektor die Klasse begrüßte, erhielt sie eine eher lethargische Reaktion. Die meisten standen zwar auf, taten dies aber eher langsam, halbherzig und widerwillig. Einige machten sich nicht einmal die Mühe, den Kopf von ihren Tischen zu heben. Frau Hektor war nicht gerade beeindruckt. Sie stand vor der Klasse, beinahe erstaunt, dann scheinbar recht sauer. »Was seid ihr denn für ein Kurs?«, rief sie empört. Elisa erwartete – so berichtete sie – eine jener Ansprachen, wie sie allzu oft zum ersten Schultag abgehalten werden: Der Lehrer oder die Lehrerin rezitiert die Klassenregeln bzw. hält einen Vortrag über die Bedeutung des Respekts vor der Autorität, oder – fast noch schlimmer – sie besprechen nur Organisatorisches. Aber Frau Hektor tat etwas, das Elisa völlig überraschte. Ihre ermahnende Frage entpuppte sich als ein ... *Einstieg*. Sie berichtet über den Moment wie folgt:

> Aber dann sagte sie: »Ja, was verbindet ihr denn mit Religion, was ist das überhaupt für euch? Wenn es für euch nichts bedeutet, dann sagt mir, warum? Woran glaubt *ihr* denn?« Dann sollte jeder Einzelne an die Tafel gehen und seine Vorstellung von Religion in einem Satz schildern. Die Regel war, dass man auf keinen Fall zweimal das Gleiche schreiben durfte. Dann hat sie auch Sachen, die sie nicht gut fand, einfach hinterfragt, so: »Was soll das überhaupt bedeuten? Das ist doch gar nicht aussagekräftig, was du da jetzt geschrieben hast! Was meinst du denn damit?« Also sie war sehr fordernd und das war dann halt auch immer.

Frau Hektor nutzte diese Gelegenheit, um den Schülerinnen und Schülern nahezulegen, dass Religionsunterricht doch eine wesentliche Bedeutung für ihr Leben haben könnte. Anstatt die Klasse wegen ihrer Trägheit zu tadeln, zeigte sie demonstrativ auf, worauf diese Trägheit im Zusammenhang mit religiösen Anliegen hinausläuft: nämlich auf Oberflächlichkeit und Stumpfsinn gegenüber den wesentlichsten aller menschlichen Anliegen. Frau Hektor schien mit ihrem außergewöhnlichen Einstieg sagen zu wollen, dass die Religion und die Religiosität mit einer grundlegenden Frage anfängt: An was lohnt es sich zu glauben? Indem sie eine gewisse »Empörung« inszenierte, konnte sie mit emotionaler Deutlichkeit kommunizieren, dass sie es für wesentlich hält, dass ihre Schülerinnen und

Schüler von dieser alles entscheidenden Frage berührt, wortwörtlich *bewegt* werden.

Die unterrichtliche Präsenz, die Frau Hektor in dieser ersten Stunde zeigte, war nicht nur ein einmaliges Ereignis in ihrem Religionsunterricht. Sie gab den Ton für den Verlauf des gesamten Kurses an. Aus Frau Hektors Sicht stellte die Religion junge Menschen vor eine Reihe brisanter, fundamentaler und dringlicher Fragen, die die Grundwerte, die persönlichen Vorbilder und die Hoffnungen für die Zukunft berühren – ob man nun gläubig ist oder nicht. Laut Elisa war es Frau Hektor deshalb wichtig, die Glaubenssätze und Lebensstile der Schülerinnen und Schüler immer wieder energisch auf den Prüfstand zu stellen. Gleichzeitig war sie in der Lage, im gleichen Maße das Selbstvertrauen und die Individualität der Lernenden zu stärken:

> Sie hat uns gezeigt – nicht nur in dieser ersten Stunde, sondern immer –, dass sie wirklich hören wollte, was wir zu sagen haben und was wir von den Sachen halten, die wir in ihrem Unterricht behandelt haben. Man bekam also den Eindruck, dass Frau Hektor die Sichtweisen und die kritischen Kommentare würdigt, die man beigetragen hat. Sie hat tatsächlich zugehört und wollte uns immer gut durchdachtes, konstruktives Feedback geben, auch wenn man hören musste, dass das Gesagte nicht richtig oder gut genug war. Und wenn man richtig gute Sachen gemacht hat, hat sie auch super Anerkennung gezeigt, also sie hat das sehr wertgeschätzt.

Diese Arbeitsweise hatte großen Einfluss auf Elisa. Die hohen Ansprüche von Frau Hektor und auch ihre belohnende

Art wurden für sie nicht nur zu einer Inspirationsquelle in ihrem Religionskurs, sondern auch für ihr Selbstbild als Lernende. Elisa war – im Gegensatz zu Magdalena – bisher eine recht gewissenhafte Schülerin und generell stets bestrebt, gute Leistungen in ihren Kursen zu erbringen sowie sich den Erwartungen ihrer Lehrerinnen und Lehrer anzupassen. Frau Hektor regte sie jedoch an, einen *eigenen* Standpunkt gegenüber den Unterrichtsinhalten und eine *persönliche* Beziehung zum Gelernten zu entwickeln. Sie ließ immer wieder erkennen – was vielleicht noch wichtiger ist –, dass Elisas persönlicher Beitrag ein wesentlicher Bestandteil des Kurses sei. So reifte der Wunsch in Elisa, die *Qualität* dieser Beiträge zu erhöhen:

> Ich fand das sehr motivierend. Ich fand, dass das mich einfach angespornt hat, irgendwie noch mehr und vernünftiger zu arbeiten. Und daran zu arbeiten, die Gedanken, die man zu bestimmten Themen hat, angemessen auszudrücken – dass man das eben sagen kann, was man meint. Ich wollte nicht mehr irgendwelche Ansichten haben, sondern gute, *überzeugende* Ansichten.

In Elisas Aussagen spiegeln sich bereits einige der Merkmale wider, die sich bei Magdalenas transformativer Lernerfahrung erkennen ließen. Elisa beobachtet, wie Magdalena, nicht nur eine Erweiterung ihres Wissens über Religion. Sie erlebt eine Steigerung ihrer Ausdrucksfähigkeit, die eng mit ihrem Selbstwirksamkeitsgefühl verwoben ist. Frau Hektor scheint in Elisa ein Verlangen geweckt zu haben, an sich selbst in einer umfassenden Weise zu arbeiten. Sie will nun einen Standpunkt in der Welt für sich erarbeiten – eine Perspektive über religiöse Anliegen und Praktiken, die durchdacht, reflektiert und letztlich »überzeugend« ist. Dadurch ist sie, wie Magdalena, zu der Erkenntnis gekommen, dass eine *Distanz* zwischen ihrem jetzigen und ihrem erhofften Zustand besteht, die durch Frau Hektors stetiges Fordern und Fördern zum Vorschein kam. Wenn sie den noch entfernten Zustand erreichen soll, muss sie in einem wesentlichen Sinne *anders* werden. In einem Wort: Elisas Beziehung zu Religion verwandelt sich in eine *Aspiration.*

Warum sind Menschen wie Elisa motiviert, die Lücken solcher aspirativen Distanzen schließen? Frau Hektors Haltung gegenüber der Religion legt eine Antwort nahe, die die bisherigen Beobachtungen zu Magdalenas Erlebnis erweitern. Diese Haltung vermochte Elisa nicht nur davon zu überzeugen, dass die Religion eine »Relevanz« für ihr Leben besitzt – zum Beispiel im Sinne des sogenannten Lebensweltbezugs –, sondern dass diese Relevanz auch eine gewisse Wesentlichkeit innehat. Frau Hektors Unterricht berührte natürlich die Lebenswelten ihrer Schülerinnen und Schüler, aber er sprach darüber hinaus auch den *existenziellen* Charakter der Inhalte an – ihre Verflochtenheit mit fundamentalen Lebensaufgaben und -anliegen, mit denen ein jeder konfrontiert wird. Es hätte für Frau Hektor nicht ausgereicht, etwa verschiedene Anwendungsbeispiele von im Kurs behandelten Begriffen oder Themen zu besprechen. Sie wollte zeigen, dass man um diese Begriffe und Themen einfach nicht herumkommt. Es ist dieser existenzielle Aspekt, der aspirative Prozesse noch einmal von anderen gängigen Motivationsformen unterscheidet. Aspiration treibt zu dauerhafter Beschäftigung mit dem Lerngegenstand an, da wir dadurch grundlegenden existenziellen Bedürfnissen nachkommen können.

Beim transformativen Lernen spielt *ein* existenzielles Bedürfnis eine besonders wichtige Rolle und wird immer wieder von Lehrerinnen und Lehrern wie Frau Hektor im Unterricht thematisiert: nämlich der Zusammenhang der Unterrichtsinhalte mit dem Streben nach einem guten, selbstbestimmten und sinnvollen Leben.[4] Diese *eudämonistische* Eigenschaft transformativen Lernens sorgt für eine gewisse Lebendigkeit in der Lernumgebung. Die Schülerinnen und Schüler erkennen, dass es im Unterricht in einem grundlegenden Sinne um *sie* geht – um die Qualität und Sinnhaftigkeit ihres Lebens. Wenn die Verbindung der Unterrichtsinhalte mit diesem grundlegenden menschlichen Anliegen gelingt, wird ein robustes motivationales Fundament für die weitere Beschäftigung mit dem Unterrichtsfach geschaffen. Wie Elisa an einer Stelle bemerkte: die Religion »hat einfach einen Sinn für mich, für mein Leben«, und deshalb war sie immer geistig auf den Unterricht vorbereitet: »Es war halt immer klar: ›okay, jetzt haben wir Religion, jetzt müssen wir uns anstrengen‹.«

Die eudaimonistische Ausrichtung von Frau Hektors Unterricht führte allmählich eine ganz neue Dimension in Elisas Selbstverständnis ein. Es begann sich eine Faszination zu entwickeln, die sich in ihrem Leben außerhalb der Schule ausbreitete:

4 Zur Verbindung zwischen Bildung und dem *eudaimonia*-Ideal (auf Deutsch: ›Gedeihen‹, ›Florieren‹, ›Glückseligkeit‹, ›Glück‹) siehe Blomberg (2022), Jonas & Nakazawa (2020) sowie Lipkina (2021, 2022).

> Ich habe damals zum Beispiel auch gezielt viele TED-Talks angesehen, die guck ich auch heute noch. Und ich habe auf Instagram – das ist mein einziger Social-Media-Kanal, den ich nutze – gezielt nach Inhalten gesucht, die Religionen thematisieren und behandeln.... Der Unterricht hat gezeigt, ich kann Religion, Theologie auch für mich nutzen und für mich darüber nachdenken und einen Mehrwert davon bekommen. Es ist ein Thema, worüber man reden möchte, worüber ich reden *wollte*.

Die Nachwirkungen von Elisas Begegnung mit Frau Hektor beschränkten sich also nicht auf die vier Wände des Klassenzimmers. Sie führten zu einer deutlich tieferen Auseinandersetzung mit religiösen Fragen und Anliegen auch in ihrem Privatleben, und das auf einer neuen Ebene. Elisa zufolge legte ihre Begegnung mit Frau Hektor den Grundstein für eine weitere Transformation in ihrem geistigen Leben, die sie Jahre später anhand eines Gesprächs mit einem Freund erlebte. Wenn die Veränderung im Rahmen von Frau Hektors Unterricht hauptsächlich die Suche nach einer »überzeugenden« Haltung gegenüber religiösen Fragen betraf, ging es für sie später um Handlung – also um die Rolle von Religion in ihrem täglichen Leben. Elisa berichtet über diese Entwicklung so:

> Und es gab so einen Turning-Point, wo ich merkte, dass Religion so faszinierende Gedanken oder neue Erkenntnisse bieten kann. Ich habe erst dann einen wirklich praktischen Zugang zu Religion entwickeln können, im Sinne: ›Was bringt mir das denn jetzt, an Gott zu glauben?‹ Das habe ich jetzt durch die Lehrerin und durch

das Gespräch mit einem Freund, so dass ich die Religion fast eigentlich jeden Tag sehe. Es ist immer ein Teil meines Denkens.

Dass transformative Lernerfahrungen auf diese Weise weitere persönliche Veränderungen und Transformationen begünstigen, deutet auf eine weitere wichtige Eigenschaft aspirativer Motivationen hin. Der pädagogische Wert transformativen Lernens erschöpft sich nicht nur in seinen unmittelbaren Auswirkungen auf die Lernumgebung des Klassenzimmers und die Lernerfahrungen, die dort ermöglicht werden. Es bildet im besten Falle eine Grundlage für weitere und potenziell viel bedeutendere Durchbrüche und Perspektivenwechsel in der Lebensbiografie der Lernenden. Aspiration hat eine *selbstverstärkende* Einstellung: Sie neigt dazu, sich zu vergrößern, zu vermehren, auf andere Lebensbereiche einzuwirken, in denen wir nun auch auf die Suche nach intrinsischem Wert gehen möchten. Wenn wir danach streben, den Sinn und Wert von Religion, Englisch oder anderen Unterrichtsfächern zu erleben, erweitert sich dies schnell zu »größeren«, umfassenderen Aspirationen, die unsere Berufswahl, unsere Freizeitaktivitäten, unsere Beziehungen zu anderen und unsere persönlichen Ideale betreffen.

Die selbstverstärkende Tendenz der Aspiration hat unter anderem zur Folge, dass die Ziele und Gegenstände unserer Bestrebungen selbst im Laufe des Lernprozesses nicht gleich bleiben. Sie bewegen und verändern sich mit der Zeit. Lernende verfügen *per definitionem* weder über ein vollständiges Verständnis des Lerngegenstands, dem sie im Modus der Aspiration näherkommen möchten, noch über unbeschränktes Wissen über sich selbst. So werden gelegentliche Verschiebungen in ihrer Auffassung des Lerngegenstands oder des eigenen Selbst immer wieder dazu führen, dass ihre aspirativen Zielsetzungen nochmal revidiert werden. *Was* sich eigentlich aus ihren Aspirationen ergeben soll – worauf ihr Verlangen abzielt und wonach ihr Verständnis greift –, wandelt sich, je näher man zum intrinsischen Wert des Lerngegenstands gelangt. Elisas spätere religiöse Transformation scheint ebendiesen Charakter zu haben. Sie ist zu der Einsicht gekommen, dass die Auffassung von Religion als eine bloße »Haltung« nicht ausreicht, um ihrem Potenzial gerecht zu werden – sie muss auch in *Handlungen* münden. Zu dieser Erkenntnis kam auch Magdalena, die die englische Sprache letztlich als eine Erweiterung und Steigerung ihrer Handlungsfähigkeit erlebte. So lässt sich die Beziehung zwischen dem Lernenden und dem Objekt seiner Aspiration als grundlegend *dialogisch* charakterisieren. Im Dialog der Aspiration transformieren sich beide Pole ebendieser Beziehung.

Bevor wir auf das nächste Fallbeispiel eingehen, noch eine kurze Schlussbemerkung zu Frau Hektors Lehrpersönlichkeit: Es ist faszinierend, wie sehr sie sich von Herrn Müller unterscheidet. Während sich Herr Müller im mittleren Alter befand, stand Frau Hektor nur wenige Jahre vor der Pensionierung. Während Herr Müller im Unterricht eine Kombination aus Humor und Verspieltheit einsetzte, beharrte Frau Hektor unnachgiebig auf anspruchsvollen, hohen Standards. Natürlich schließen sich »hohe Ansprüche« und »Humor« nicht aus. Die Gegenüberstellung ist jedoch wichtig, da sich daran erkennen lässt, dass transformatives Lernen nicht nur von *einem* Persönlichkeitstyp hervorgebracht werden kann. Ganz im Gegenteil: Die Palette wirksamer Lehrpersönlichkeiten ist so vielfältig und breitgefächert wie die Persönlichkeiten der jungen Menschen, die zum transformativen Lernen angeregt werden können.

2.3 »Vorher war Mathe notwendiges Übel« (Mathematik, 8. Klasse)

Als Julia, die nächste Befragte, Herrn Bernhard kennenlernte, befand sie sich in einer schwierigen Übergangsphase. Sie war gerade von der einen Seite Deutschlands zur anderen umgezogen und musste sich erst mal in ihrer neuen Schule sowie ihren neuen Lebensumständen zurechtfinden. Nicht nur ihre Noten litten unter dem Umzug, sie hatte auch das Gefühl, entwurzelt worden zu sein, als hätte sie ihren Platz in der Welt noch nicht ganz gefunden. Als sie zum ersten Mal am Mathematikunterricht in der 8. Klasse teilnahm, konnte sie jedoch bereits spüren, wie sich einige ihrer Unsicherheiten auflösten. Denn dort stand ein Mann in Cowboystiefeln, Cowboygürtel und -hemd, der obendrein einen Vokuhila trug und über eine Präsenz verfügte, die man einfach nicht ignorieren konnte. Das ist jemand, so dachte Julia, der sich wirklich damit abgefunden hat, nicht dazuzugehören. Vielleicht könnte sie das auch.

Bis zu diesem Zeitpunkt hatte Julia kaum Gefallen an Mathe gefunden – was von ihren schlechten Leistungen in dem Fach widergespiegelt wurde. Julia hatte schon längst aufgegeben zu hoffen, dass irgendetwas Interessantes, geschweige denn persönlich Bedeutsames im Mathematikunterricht stecken könnte. So berichtete sie in ihrem Interview:

> Vorher war Mathe ein notwendiges Übel, man musste es halt machen, und zwar in jeder Klasse. Man kommt nicht drum rum. Man musste das Übel einfach hinnehmen.

Julia brauchte oft doppelt oder dreimal so lange wie andere in ihrer Klasse, um ihre Hausaufgaben in Mathe zu erledigen. Sie hatte das Gefühl, den Zusammenhang zwischen den Konzepten und Operationen des Unterrichts nicht zu begreifen, und manchmal zweifelte sie daran, dass überhaupt ein solcher Zusammenhang existiert. Als sie in die 8. Klasse kam, fehlten ihr viele Grundlagen, um auf höheren, komplexeren Ebenen der Mathematik erfolgreich sein zu können.

Das begann sich jedoch zu ändern, als Julia das Klassenzimmer von Herrn Bernhard betrat. Zuerst war sie einfach nur überrascht und fasziniert von seiner Cowboykleidung, aber schon bald konnte sie erkennen, dass er nicht nur exzentrisch gekleidet war: Auch seine Leidenschaft für die Mathematik war außergewöhnlich. Ja, Herr Bernhard schien Mathe zu lieben und machte aus seinen Gefühlen keinen Hehl. Er erzählte seiner Klasse, dass er sich so sehr für dieses Fach interessierte, dass er als zweites Fach Physik dazunahm, weil er dadurch die Gelegenheit hätte, noch mehr Mathematik lernen zu dürfen. Meinte er das wirklich ernst?

Herr Bernhards Haltung zur Mathematik war, für Julia, verblüffend. Wie sein äußerliches Auftreten betrachtete Herr Bernhard das Fach nicht als eine trockene, regelkonforme Angelegenheit, wofür sie so oft gehalten wird. Seine Haltung war, dass Mathe von Regelverstößen, Unkonventionalität und theoretischer Ketzerei lebt. Denn nur dadurch könnten neue Theoreme, Konzepte, Beweis- und Lösungswege überhaupt entstehen. Die Auseinandersetzung mit der Mathematik soll uns also nicht einfach dazu bringen, kluge Algorithmen oder effektive Strategien zur Problembearbeitung zu verinnerlichen, sondern völlig anders über die Welt zu denken als zuvor.

Julias Vorstellungskraft wurde insbesondere von Herrn Bernhards Vorliebe für mathematische Paradoxien beflügelt – und für das Hinterfragen von scheinbar offensichtlichen und allgemeingültigen Wahrheiten in der Mathematik. Eines Tages irritierte Herr Bernhard die Klasse mit der Beweisführung, dass parallele Linien – nun ja – nicht parallel sind. Parallele Linien seien nicht einfach langweilige Geraden, die sich eintönig in die Unendlichkeit erstrecken und niemals kreuzen. Parallele Linien *können* sich kreuzen, sie *müssen* sich sogar kreuzen, und wenn sie sich *nicht* kreuzen würden, könnten wir nicht unsere komfortablen Navigations-Apps nutzen, um die nächste U-Bahn-Station ausfindig zu machen. Herr Bernhard zeigte der Klasse, dass sie ihr Verständnis der Parallelität in der Mathematik nur geringfügig erweitern müsste, um zu einem gänzlich anderen Weltbild zu gelangen. Ist der Raum nämlich, wie auf der Weltkugel, *gekrümmt*, so kreuzen sich parallele Linien, sogar mehrfach (man denke an die Längslinien am Nord- und Südpol). Erst als es Wissenschaftler und Mathematiker wagten, die konventionelle Weisheit einer flachen und neutralen Raumzeit zu hinterfragen, konnte der Weg für die moderne, relativistische Physik gebahnt werden.

Dank Herrn Bernhards verständlichen und zugänglichen Erklärungsstils verbesserte sich Julias schulische Leistung in Mathe dramatisch. Sie fing auf einmal an, das »große Ganze« zu begreifen. Ihr erschienen die mathematischen Operationen, die sie tagtäglich im Matheunterricht übten, nicht mehr als dunkle Zauberei. Zugleich wuchs in ihr eine Faszination für Herrn Bernhards nahezu skurrile Leidenschaft für die Mathematik. Wie kann sich jemand so sehr für Mathematik interessieren wie Herr Bernhard? Die Entstehung dieser »Metafaszination« – also ihre Faszination von Herrn Bernhards Faszination – stellt einen entscheidenden Schritt in Julias sich entwickelnder Beziehung zur Mathematik dar. Denn sie führte dazu, dass sich ihre Beschäftigung mit der Mathematik in ein aspiratives Projekt zu verwandeln begann.

> Ich dachte: Ich will den Sinn dahinter verstehen, ich würde gerne nachvollziehen, warum er dieses Fach so mag, warum er sich dafür entschieden hatte, dieses Studium und dazu auch noch Physik durchzuziehen. Er hat seinen Unterricht immer mit einem Elan gemacht, er lebte für die Mathematik. Ich wollte wissen, was er so … drin sieht.

Wir haben bereits gesehen, dass transformatives Lernen aus einem neu entstandenen, aspirativen Willen hervorgeht – einem Streben nach dem intrinsischen Wert, der in einer Aktivität oder Beschäftigung erkannt wird. In dieser Aussage von Julia kommt jedoch der besondere *Charakter* dieses Willens zur Sprache. Das aspirative Streben nach intrinsischem Wert wird von dem Verlangen begleitet, sich von neuen und sogar fremden Motivationsquellen bewegen zu lassen – von Motivationen, die uns noch nicht gänzlich zugänglich oder verständlich sind. Julia will zum Beispiel herausfinden, wie und warum sich Herr Bernhard so für Mathe begeistern kann – freilich nicht als eine Übung in Tiefenpsychologie, sondern weil sie sich zunehmend vorstellen kann, selbst von einer solchen Begeisterung motiviert zu werden. Obwohl sie die Faszination für Mathe selbst noch nicht gänzlich spüren kann, begibt sie sich damit auf den Weg dorthin.

Da solche höherstufigen Motivationen noch nicht über die gleiche psychologische Wirksamkeit wie unsere bereits bestehenden Wünsche und Begierden verfügen, geht transformatives Lernen oft mit Praktiken der »Selbstverlockung« einher, vor allem in den frühen Stadien.[5] So nimmt man beispielsweise die Aussicht auf extrinsische Belohnungen zu Hilfe, um die ersten Schritte in Richtung intrinsischem Wert zu unterstützen. Jedoch werden unsere motivationalen Ressourcen relativ zügig durch eine solche Anlehnung an extrinsische Motivationsquellen erschöpft, so dass wir psychologisch betrachtet auf Sparflamme laufen. Deutlich wirksamer ist hingegen eine Anlehnung bzw. Orientierung an *Personen* (z. B. Lehrkräfte), die bereits über die relevanten Motivationen verfügen und diese (attraktiv) repräsentieren können. Durch einen teils mimetischen, teils improvisatorischen Prozess kann man somit zu den intrinsischen Motivationsquellen seiner Beschäftigung gelangen.

5 Der *locus classicus* für die Konzeptualisierung solcher Motivationen bzw. Wünsche ist Harry Frankfurts (2014) *Freiheit und Selbstbestimmung.*

Herrn Bernhards Leidenschaft für die Mathematik scheint für Julia tatsächlich diese Funktion erfüllt zu haben, denn mit der Zeit fand sie diese immer überzeugender. Nun begann auch sie die Faszination von mathematischen Konzepten und Operationen sowie die dazugehörigen Motivationen zu erleben. Es war jedoch nicht nur Herrn Bernhards Begeisterung für die Mathematik, die bei Julia eine wesentliche Veränderung bewirkte. Auch seine Überzeugung, dass jeder Schüler und jede Schülerin »Mathe kann«, war für sie beeindruckend. Im Interview erzählte sie von einer Freundin, die damals eine Mathearbeit vermasselt hatte und danach völlig verzweifelt war. Anstatt ihr bloß mit tröstenden Worten zu begegnen oder sie sogar einfach mit ihrer schlechten Note allein zu lassen, reagierte Herr Bernhard auf ungewöhnliche, nahezu paradoxe Weise. Das Mädchen sollte den Unterricht in der nächsten Stunde übernehmen, um sich eine Verbesserung der Note verschaffen zu können. Obwohl dies aus konventioneller pädagogischer Sicht leichtsinnig erscheinen mag, vertrat Herr Bernhard die Auffassung, dass man eine Idee oder ein Konzept in der Mathematik am besten verinnerlicht, wenn man es anderen zu erklären sucht. In seine Strategie spielte auch noch eine weitere Dimension hinein: Bei einer Prüfung durchzufallen, die nur eine Person (der Lehrer) sieht, ist eine Sache; es ist aber eine ganz andere, vor den Klassenkameraden eine gesamte Unterrichtsstunde zu vergeigen.

Es hätte auch schiefgehen können, aber Herr Bernhard kannte Julias Freundin gut genug. Laut Julia hat sie die Stunde »gerockt«. Dadurch konnte Herr Bernhard nicht nur seine Schülerin vor Verzweiflung oder Resignation schützen, er konnte dabei auch eine sehr wichtige Zielsetzung transformativen Unterrichts verfolgen. Bei allen seinen Schülerinnen und Schülern – besonders aber bei den leistungsschwächeren – scheint Herr Bernhard eine Identität als Mathematiker kultivieren zu wollen. Sein Klassenzimmer war kein bloßer »Lernkontext«, es war eine *Arbeitsgemeinschaft von angehenden Mathematikerinnen und Mathematikern*, in der es galt, jedes Konzept und jede Formel ernst zu nehmen, ihr sogar Hochachtung zu bezeigen: Man durfte niemals zurückfallen oder von sich denken: »Ich bin einfach nicht dafür geschaffen.« Diese Identifikation mit dem Fach war natürlich nicht in einem strikten beruflichen Sinne gemeint. Es ging für Herrn Bernhard nicht darum, die nächste Mathematiker-Generation heranzuzüchten, sondern seine Klasse in eine tatsächlich jahrtausendealte und internationale Community einzuladen, in der mathematische Operationen und Ideen Gegenstände der tiefgehenden Beschäftigung und Faszination darstellen. Für Herrn Bernhard war es entscheidend, dass sich *alle*, nicht nur die Mathebegabten, selbst als einen fähigen und gleichberechtigten Teil dieser Gemeinschaft sehen. Das zeigte Herr Bernhard unter anderem durch sein Verhalten in der besagten Unterrichtsstunde, die von Julias Freundin unterrichtet wurde. Obwohl Herr Bernhard in der Regel zuließ, dass es in seinem Unterricht etwas unruhiger zuging – ein gewisses Maß an Geplauder war erlaubt –, galt genau das Gegenteil, wenn die Schülerin selbst vor der Klasse stand. Julia beschrieb den Unterricht wie folgt:

> Er saß quasi da wie ein Schießhund und hat darauf aufgepasst, dass jeder zuhört und mitmacht. Es war ihm

wichtig, dass die Person vorne sich nie verunsichert gefühlt hat, auch wenn sie ins Stocken gekommen ist. Er wollte zeigen, dass sie zur Klasse genauso dazugehört wie alle anderen.

Diese Unterrichtssituation schildert eine letzte wichtige Facette transformativen Lernens, die zu berücksichtigen ist. Durch solche Gesten der Zuneigung konnte Herr Bernhard eine robuste Vertrauensbasis mit seinen Schülerinnen und Schülern aufbauen. Diese Vertrauensbasis sorgt nicht nur für eine angenehme zwischenmenschliche Atmosphäre im Klassenzimmer. Sie bildet darüber hinaus eine notwendige psychologische Brücke, welche den Zugang zu den Quellen intrinsischen Wertes innerhalb des Fachs ermöglicht. Eine solche Brücke ist notwendig, weil diese Quellen an Aspekte des Fachs angebunden sind, die sich im »Innenleben« des Fachs bewegen. Um Themen und Inhalte wie die Euler'sche Identität, die Riemann'sche Zetafunktion, die imaginären Zahlen oder das Konzept einer Zahl überhaupt als Gegenstände der Faszination und des persönlichen Bestrebens betrachten zu können, muss man eine entsprechende Bildung der Erfahrung und der Empfindung durchlaufen haben. Im Rahmen dieses Bildungsprozesses lernt man allmählich die Perspektiven, Motivationen und Schätzungsweisen von Mathematikern kennen und bekommt somit die Gelegenheit, sie zu verinnerlichen. Da Lernende diesen (transformativen) Bildungsprozess noch nicht (vollständig) abgeschlossen haben, benötigen sie ein verbindendes Glied – im besten Fall die Lehrkraft selbst, die ebendiese fachlichen Sichtweisen in seinem Auftreten vermittelt. Dabei wird es jedoch nicht ausreichen, wenn die

Lehrkraft bloß ihr Fach vorbildlich »vertritt«. Die Vorbildlichkeit der Lehrkraft muss gleichzeitig – wie bei Herrn Bernhard – *Vertrauen* erwecken. Die Vertrauensbasis hat in diesem Fall den Charakter eines Versprechens: »Ihr könnt zwar noch nicht begreifen, warum ich dieses Fach so schätze, doch wenn ihr mir vertraut, kann ich euch zeigen, dass euch Wertvolles, womöglich sogar Lebensveränderndes erwartet.« So verwandelt die Vertrauensbasis höherstufige Motivationen graduell in transformatives Lernen.[6]

Die vertiefte Wertschätzung der Mathematik, die Herr Bernhard bei seinen Schülerinnen und Schülern zu wecken suchte, mündete bei Julia letztlich in einer gänzlich neuen Beziehung zu diesem Fach. Während zum Beispiel die Mathe-Hausaufgaben früher eine lästige Pflicht waren – ein »notwendiges Übel« –, begann Julia eine gewisse Freude dabei zu empfinden, als sie ihrem Bruder bei seinen Hausaufgaben half. Sie verbrachte viele Stunden in der Woche damit, ihrem Bruder Konzepte, Ideen und Operationen zu erklären, und es machte ihr auch noch Spaß. Mathe wurde sogar zu ihrem »Lieblingsfach«, und ihre fachliche Vorliebe hielt lange an. Als Julia im Vorfeld des Abiturs ihre Kurse belegte, wählte sie selbstverständlich Herrn Bernhards Leistungskurs. Nach ihren insgesamt vier Jahren bei Herrn Bernhard entschied sich Julia zwar nicht für ein Mathematikstudium, aber sie beschloss, auch wegen seiner Inspiration, Lehrerin zu werden.

6 Weiterführend zum Verhältnis zwischen Vertrauen und transformativer Bildung siehe Strike (2005) sowie Yacek (2020).

Zusammenfassung: Kernmerkmale der Aspiration

Aspiration führt zu einer besonders dauerhaften, intensiven und letztlich transformativen Beschäftigung mit fachlichen Inhalten, denn

- Aspiration orientiert sich an dem *intrinsischen Wert* fachlicher Inhalte.
- Aspiration verbindet diesen Wert mit dem Streben nach einem *sinnvollen und erfüllten Leben.*
- Aspiration verfügt über eine *selbstverstärkende* Tendenz.
- Aspiration ergibt sich in einem *dialogischen* Verhältnis mit dem Lerngegenstand.
- Aspiration erhöht die *Handlungsfähigkeit* der Lernenden und wird als *Selbstermächtigung* erlebt.

2.4 Das transformative Klassenzimmer

Angesichts dieser drei Porträts transformativen Lernens wurde hoffentlich deutlich, dass junge Menschen zu erheblichen Perspektivenwechseln in ihrer Beziehung zu Schulfächern ermutigt werden können. Lernprozesse dieser Art sind nicht auf einen bestimmten fachlichen Kontext oder auf eine Jahrgangsstufe beschränkt, sie können prinzipiell in allen Schulfächern sowie in allen Jahrgangsstufen stattfinden: in den geisteswissenschaftlichen Fächern ebenso wie in den sozial- und naturwissenschaftlichen Fächern, in der Oberstufe wie auch die Unter- und Mittelstufe, in weiterführenden Schulen sowie der Grundschule. Darüber hinaus gibt es viele verschiedene Lehrpersönlichkeiten, die einen solchen Perspektivenwechsel anregen können. In diesem Kapitel wurden drei unterschiedliche Persönlichkeiten vorgestellt, die sich auch in unterschiedlichen Karrierephasen befinden und dabei sehr unterschiedliche Lehrstile aufweisen. Dies gilt ebenso für die Persönlichkeiten der jungen Menschen, die in den Klassenzimmern dieser Lehrkräfte transformatives Lernen erlebt haben: Transformatives Lernen kann stattfinden bei selbstbewussten sowie bei unsicheren Kindern, bei leistungsorientierten sowie bei »lernfaulen« Schülerinnen und Schülern, bei Menschen mit einem stabilen familiären Hintergrund sowie bei denjenigen, die schwierige häusliche Veränderungen und Herausforderungen durchlaufen.

Transformative Lernerfahrungen können also in diversen pädagogischen Kontexten und Konstellationen realisiert werden – doch was lässt sich daraus im Allgemeinen für die Gestaltung eines transformativen Unterrichts ableiten? Das zentrale Ergebnis dieser Fallanalysen ist, dass die Bedingungen für transformatives Lernen signifikant durch die Entstehung einer *aspirativen* Beziehung zu den fachlichen Inhalten begünstigt werden. Aspiration bezeichnet die besondere Form der Motivation, die beim Kontakt mit den Quellen intrinsischen Wertes einer Aktivität oder Lebensform – hier der Schulfächer – entspringt. Sie beschreibt jenen Drang, der aus der Wahrnehmung und Anerkennung der existenziellen Bedeutung sowie der an sich wertvollen Perspektiven und Praktiken der Unterrichtsfächer folgt. Wenn Lernende von Aspiration bewegt werden, erkennen sie etwas Fesselndes, Faszinierendes und Lebensbereicherndes im jeweiligen Fach, das es nun näher kennenzulernen gilt. So mündet Aspiration in eine dauerhafte Beschäftigung mit den fachlichen Inhalten – in transformativem Lernen. Transformatives Lernen vermittelt den Schülerinnen und Schülern nicht nur neue Fähigkeiten und Kompetenzen, sondern erweitert darüber hinaus auf maßgebliche Weise die Grenzen ihrer Erfahrungshorizonte.

Aus alldem lässt sich eine wichtige Schlussfolgerung ziehen, die die Grundlage für das nächste Kapitel dieses Bandes bildet. Transformatives Lernen geht von einer Erfahrung aus, einem Moment der Anregung oder Inspiration, in welchem Lernende einen Einblick in die Quellen intrinsischen Wertes ihrer Fächer erhalten und dadurch in eine aspirative Haltung kommen können. Wie können Lehrkräfte solche Momente der Anregung und Inspiration gestalten? Was können sie tun, um einen Einblick in den intrinsischen Wert ihrer Fächer zu ermöglichen? Welche Methoden gibt es dafür und wie sind diese einzusetzen? In den folgenden Kapiteln werde ich diese Fragen, wieder anhand von zahlreichen Beispielen, zu beantworten versuchen.

3 Transformatives Lernen anregen. Strategien prägender Lehrkräfte

Die Auseinandersetzung mit fachlichen Inhalten kann zu erheblichen, sogar lebensverändernden Verschiebungen des Welt- und Selbstbilds der Lernenden führen. Wie im vorherigen Kapitel gezeigt, gehen solche Perspektivenwechsel aus einer dauerhaften, wertorientierten Form der Motivation hervor, die sich *Aspiration* nennen lässt. Der Begriff der Aspiration bezeichnet ein Streben nach Wert – einen Prozess, der die Empfindungen, Einstellungen, Perspektiven und Bestrebungen der Lernenden durch die mannigfaltigen Erfahrungswelten der Fächer bereichert. Sie bildet somit die psychologische Grundlage, die transformatives Lernen ermöglicht, sowie eine zentrale Zielsetzung des transformativen Unterrichts.

Die aspirative Beziehung zum Unterrichtsstoff weicht oftmals auf dramatische Weise von den gängigen Umgangsformen mit den Unterrichtsfächern ab, die viele Schülerinnen und Schüler in ihrer Schullaufbahn kennenlernen. In manchen Fällen besuchen Lernende sogar jahrelang Unterrichtsstunden, ohne jemals genuines Interesse für ihre Fächer zu verspüren. Der intrinsische Wert fachlicher Inhalte ist an und für sich schwer zugänglich, er legt sich erst bei eingehender und aufmerksamer Auseinandersetzung offen. Damit transformatives Lernen unter solchen Bedingungen gelingen kann, werden Ansätze und Methoden der Anregung notwendig sein, die in der Lage sind, das Interesse und die Faszination junger Menschen zu erwecken.

Solche Ansätze und Methoden bilden das Kernthema

des vorliegenden Kapitels. Im ersten Teil wird zunächst eine »unabdingbare Voraussetzung« für den transformativen Unterricht thematisiert. Es handelt es sich um die einzigartige, von Leidenschaft geprägte Beziehung zum Unterrichtsfach, die effektive Lehrkräfte zur Ingangsetzung transformativen Lernens im Klassenzimmer pflegen. Im zweiten Teil wird ein Unterrichtsprinzip vorgestellt, welches die besondere Lernatmosphäre im transformativen Klassenzimmer betrifft: das der unterrichtlichen Diskontinuität. Im dritten Teil werden einige Unterrichtsmethoden dargestellt, wie diese Lernatmosphäre gezielt inszeniert werden kann. Diese Methoden lassen sich nach drei verschiedenen Formen der *Irritation* ordnen, die immer wieder in den Klassenzimmern von prägenden Lehrkräften praktiziert werden.

Diese Methoden allein umfassen noch kein flächendeckendes Planungs- und Gestaltungskonzept für den transformativen Unterricht. Sie konzentrieren sich erst mal auf Ansätze zur Ingangsetzung des transformativen Lernens. Das vollständige Modell für transformativen Unterricht, das solche anregenden Momente mit weiteren Förderungsmethoden ergänzt, wird im nachfolgenden Kapitel dargelegt.

3.1 Die Leidenschaft der Lehrkraft. Eine unabdingbare Voraussetzung transformativen Unterrichts

Bei aller Vielfältigkeit in den Persönlichkeiten und Unterrichtsstilen der Lehrkräfte, die im letzten Kapitel beschrieben wurden, gibt es etwas Wichtiges, das sie gemeinsam haben. Über die Jahre haben diese Lehrkräfte eine besondere Beziehung zu ihrem Fach entwickelt, deren Gegenwart und Wirkung sich deutlich in ihrem Unterricht, in ihren Methoden, in ihren Interaktionen mit Schülerinnen und Schülern und letztlich in den Interviews spüren ließ. Auf die Frage, was sie an ihren prägendsten Lehrerinnen und Lehrern aus der Schulzeit besonders schätzen, sprechen Studierende fast ohne Ausnahme diese Beziehung an:

> Also ich glaube, einerseits war es das große Interesse für ihre Fächer, also dass sie [die Lehrerin] sich für den Unterricht sehr interessiert hat. […] Sie hat sich den Anspruch gesetzt, so viel wie möglich über ihr Fach zu wissen, so sicher wie möglich auch im Klassenzimmer zu sein. […] Und ich denke mal, dass sie auch diese Faszination für ihr Fach weitergeben wollte – […] dass sie Leute begeistern wollte, mitzumachen, und dass jeder genau das erbringt, was man an Leistung und Fortschritt erbringen kann, das gerade möglich ist. (Marie)

Noch ein Beispiel:

> Ich habe wegen ihr [meiner Lehrerin] immer gerne gelernt und das will ich auch selbst als Lehrerin weitergeben. Und meine Lehrerin war so begeistert von ihrem Fach und der Literatur, die wir lesen mussten – das war einfach ansteckend. (Leni)

Aussagen dieser Art fangen etwas ein, das ich im Laufe der Jahre unzählige Male von Studierenden gehört habe, wenn sie von ihren prägendsten Lehrerinnen und Lehrern erzählen. Sie beschreiben diese Lehrkräfte als fasziniert von ihren Fächern, voll von spürbarer Leidenschaft und Begeisterung, wenn sie das Klassenzimmer betreten. Diese Menschen sind fest davon überzeugt, dass andere ihr Fach genauso ansprechend finden können und sollen wie sie, und sie betrachten es als ihren Auftrag, ihr tiefes Interesse für das Fach weiterzugeben. Sie wollen, dass auch ihre Schülerinnen und Schüler erleben, was sie am Fach so spannend, motivierend und begeisternd finden, und sie bleiben stets auf der Suche nach Methoden und Materialien, die ihnen zur Erfüllung dieses Zwecks verhelfen. Dabei leben sie ihre Freude am Fach natürlich unterschiedlich aus – manche auf extrovertierte, enthusiastische Weise, andere eher zurückhaltend und ernst. Was aber in allen Fällen durchscheint, ist eine merkliche Intensität in der Beschäftigung mit den fachlichen Inhalten – eine Faszination, die ansteckt.

Wie soll man diese Art von Beziehung zum Fach nennen? Worin gründen die Faszination und das intensive Interesse dieser Lehrkräfte für ihre Fächer? Ein Begriff, den meine Studentinnen und Studenten immer wieder verwenden, wird sicherlich erst mal befremdlich wirken: Sie berichten nämlich, dass ihre prägendsten Lehrkräfte ihre Unterrichtsfächer *lieben*. Ihre Lehrkräfte sind angeblich der Meinung, dass ihren Fächern ein Wert innewohnt, der eine dauerhafte – ja, lebenslange – Beschäftigung rechtfertigt. Sie finden diesen Wert so unwiderstehlich, dass sie die Inhalte und Reizquellen ihrer Fächer nicht nur für sich selbst genießen, sondern gemeinsam mit den Schülerinnen und Schülern teilen wollen. Ihre Verbindung zum Fach beruht offenkundig nicht auf emotionaler Neutralität, sondern auf einer lebhaften Zuneigung dem Fach gegenüber, welche sich aus einer langjährigen Auseinandersetzung mit seinen Inhalten ergeben hat.

> Ich erinnere mich tatsächlich, dass er [der Lehrer] uns mal erzählt hat, wie sein eigenes Interesse überhaupt an der englischen Sprache aufgeblüht ist. Die haben damals angefangen, die Beatles zu hören, und er wollte unbedingt die Texte verstehen. Er wollte wissen, was da gesungen wird. Das heißt, er hat erst mal offengelegt, wie er überhaupt dahin gekommen ist, sich für die Sprache zu interessieren ... Und bei ihm war eben das eine die Liebe zur Sprache an sich und das andere eine Liebe zum Spielen mit der Sprache, die in seinem Englischunterricht durchgekommen ist. (Magdalena)

Warum beschreibt diese Befragte – Magdalena aus dem letzten Kapitel – die Beziehung ihres Lehrers zum Fach als eine Form der Liebe? Worte wie »Liebe« und »lieben« sind schließlich große, vielleicht sogar heikle Begriffe, um eine pädagogische Haltung zum Fach zu beschreiben. Üblicherweise sind sie eher für romantische Belange reserviert, selten werden solche Worte in sachlichen und fachlichen Kontexten verwendet. Die Antwort scheint darin zu liegen, dass die pädagogische Beziehung zum Fach ein gewisses affektives Niveau erreichen muss, um transformative Lernprozesse zu fördern. Die affektive Dimension dieser Beziehung ermöglicht einerseits das intensive Engagement, das den Unterricht dieser Lehrkräfte belebt. Andererseits ist es eine solche leidenschaftliche Auseinandersetzung mit den fachlichen Inhalten, die es überhaupt erst erlaubt, die vielen schwer zugänglichen Quellen intrinsischen Wertes innerhalb von Fächern vollumfänglich zu erfassen und diese den Schülerinnen und Schülern offenzulegen. Ohne einen kognitiv und emotional robusten Kontakt mit der Erfahrungswelt der Fächer – ohne eine *Leidenschaft* für die fachlichen Inhalte – fehlt es im Unterricht an jenen motivierenden Funken, der den Unterricht der prägendsten Lehrerinnen und Lehrer ausmacht. Wie Herr Müller aus dem letzten Kapitel seiner Klasse erklärte: Wer transformatives Lernen ermöglichen will, muss das Fach mit dem Herzen begreifen.

Die Leidenschaft der Lehrkraft ist also eine wichtige Basis für die Anregung aspirativer Motivationen bei Lernenden. Denn sie stellt ein unleugbares Zeugnis dafür dar, dass die Unterrichtsinhalte den Lebensentwurf der Lehrkraft berührt haben und die Lebensentwürfe der Lernenden noch berühren könnten – dass also die existenzielle Dimension der fachlichen Inhalte adressiert wird.[1] Wie entsteht eine solche Beziehungen zum Fach? Aus welcher Art

1 Zur empirischen Grundlage dieser These – insbesondere zur Wirksamkeit von »teacher enthusiasm« bei der Erhöhung der Unterrichtsqualität – siehe Keller et al. (2016); Kunter et al. (2011). Um diese Art der fachlichen Beschäftigung seitens der Lehrkraft zu konzeptualisieren, erscheint mir der Begriff »Leidenschaft« jedoch aus zwei zentralen Gründen treffender als der des »Enthusiasmus«. Erstens drückt sich eine solche Beziehung im Unterricht nicht zwangsläufig in »enthusiastischen« Gesten und Verhaltensweisen aus, sie kann auch subtiler oder »ernster« zum Ausdruck kommen. Zweitens impliziert der Begriff der Leidenschaft im Gegensatz zum (bloßen) Enthusiasmus, dass die Ausdrucksformen dieser fachlichen Beziehung auf besondere Weise *fundiert* sind – sie gründet nämlich in den Quellen intrinsischen Wertes des Fachs, nicht nur auf subjektiven Vorlieben, Präferenzen und Dispositionen der Lehrkraft.

von persönlichen Einstellungen oder Erfahrungen tritt sie hervor? Oder wie lässt sie sich kultivieren? Es ist natürlich denkbar, dass sich für manche Lehrkräfte eine Leidenschaft für das Fach fast ›wie von selbst‹ entwickelt. Sie besitzen seit früher Kindheit eine gewisse Zuneigung für ihre Fächer, und ihre Faszination wächst organisch aus dieser natürlichen Affinität. Andere aber – und ich wage es zu behaupten, die Mehrheit – müssen ihre Leidenschaft für das Fach erst *erschaffen*. Vielleicht sind sie deshalb Lehrer bzw. Lehrerin geworden, weil sie sich in erster Linie auf die Arbeit mit Kindern freuten, so dass ihre genauen Unterrichtsfächer erst einmal nebensächlich erscheinen. Andere wiederum wissen nicht mal, dass eine solche Beziehung zum Fach so zentral für das Gelingen ihrer pädagogischen Ziele ist – nicht zuletzt, weil es in der Lehramtsausbildung kaum angesprochen wird. Spätestens wenn sie vor ihrer eigenen Klasse stehen – vor dreißig tatkräftigen jungen Menschen, deren Interesse ein ganzes Jahr lang von den Inhalten der Physik oder der Geschichte oder der Sozialkunde angeregt werden muss –, stellen sie fest, dass ein Unterricht ohne Leidenschaft, ohne authentische Bejahung und Faszination für die Unterrichtsthemen, zunehmend auf taube Ohren stoßen würde.

Damit will ich nicht behaupten, dass im Rahmen eines »leidenschaftsarmen« Unterricht nichts gelernt werden könnte. Die Behauptung ist eher, dass das leidenschaftliche Interesse der Lehrkraft für ihr Fach eine einzigartige Lernatmosphäre schafft, in der besonders tiefgreifende Lernprozesse aufkeimen können. Wenn diese Art von Beziehung zum Fach bei der Lehrkraft nicht bereits vorhanden ist, so gilt es diejenigen Facetten des Fachs ausfindig zu ma chen, die eine Leidenschaft entfachen können. Dafür können die Methoden transformativen Unterrichts selbst, die im Folgenden diskutiert werden, hilfreich sein. Denn das Ziel und der Zweck des transformativen Unterrichts ist es, einen Perspektivenwechsel hin zu einer umfassenden Wertschätzung der fachlichen Inhalte seitens der Schülerinnen und Schüler zu ermöglichen. Die Planung und Gestaltung solcher Erfahrungen fordern die Lehrkraft heraus, sich auf die Suche nach Aspekten des Fachs oder des Themas zu begeben, die besonders fesselnd, faszinierend und wertvoll sind. Da diese Aspekte nichts anderes als das Fundament für pädagogische Leidenschaft darstellen, ist die Suche nach ihnen bei der Unterrichtsplanung bereits »die halbe Miete«.

Daraus kann man natürlich nicht folgern, dass eine robuste und überzeugende Leidenschaft für das Fach allein durch solche Planungsaufgaben und Vorbereitungen entstehen wird. Höchstwahrscheinlich wird weitere Unterstützung vonnöten sein – bestenfalls von denjenigen, die selbst bereits über eine Leidenschaft für das Fach verfügen. In Frage kämen beispielsweise frühere Lehrerinnen und Lehrer aus der eigenen Schulzeit oder Dozentinnen und Dozenten aus dem Studium, mit denen man wieder in Kontakt treten könnte. Was finden diese Lehrpersonen in ihrem Fach selbst fesselnd, faszinierend oder wertvoll? Wie würden sie diese Begeisterung im Lehrkontext aus- und vorleben? Wie bekommen sie es hin, ihr tiefes Interesse für das Fach an die Lernenden zu vermitteln? Durch einen solchen Austausch kann man nicht nur einen einzigartigen Einblick in einen Unterricht erhalten, der auf einer Leidenschaft für das Fach basiert. Oft wissen diese Lehrpersonen tatsächlich gar nicht, dass sie einen so bedeutenden Einfluss auf die Menschen hatten, die in ihren Klassenzimmern und Seminarräumen sitzen. Allein deswegen könnte sich eine solche Kontaktaufnahme bereits lohnen.

Wenn der Kontakt zu Lehrpersonen aus der eigenen Vergangenheit nicht unmittelbar hergestellt werden kann, gibt es auch noch andere Möglichkeiten, die persönliche Beziehung zum eigenen Fach zu stärken: Beispielsweise können öffentlich zugängliche mediale Darstellungen des Themas hilfreich sein – etwa Videos zu relevanten Themen online, Dokumentationen, Filme sowie auch öffentliche Aufführungen und Kulturangebote. Ich selbst habe festgestellt, dass meine pädagogische Vorstellungskraft beflügelt wird, wenn ich bei der Lehrplanung solche Medien nutze und beispielsweise einen klugen Dokumentarfilm oder Clip zum Thema aufrufe. So wird die organisatorische Planung der Stunde mit etwas mehr Leben gefüllt – mit mehr Gefühl für den besonderen Reiz der Inhalte, statt bloß bei der Frage zu bleiben, wie diese Inhalte am anschaulichsten zu erklären seien. Dafür sind natürlich nicht alle thematisch passenden Medien angemessen, sondern insbesondere diejenigen, in denen die Darsteller die gleiche Leidenschaft und Faszination vermitteln, die man selbst verstehen und verkörpern möchte. Die Suche nach solchen Hilfestellungen hat natürlich den schönen Synergieeffekt, dass man dadurch auch weitere Materialien für den Unterricht finden kann.

3.2 »Da war man ganz woanders gelandet«. Diskontinuität als Prinzip des Unterrichts

Auch wenn die Leidenschaft für das Fach eine notwendige Voraussetzung für transformativen Unterricht darstellt, reicht sie keineswegs aus, um ihn in seiner ganzen pädagogischen Bandbreite gestalten zu können. Erforderlich sind darüber hinaus effektive Methoden der Darstellung und Vermittlung fachlicher Inhalte. Wie kann transformatives Lernen systematisch ins Leben gerufen werden? Welche Ansätze machen dies möglich?

Wenn es um ihre prägendsten Lehrerinnen und Lehrer geht, betonen Studierende mit deutlicher Regelmäßigkeit, wie »anders« es war, an dem Unterricht dieser Lehrkräfte teilzunehmen. Hier wichen die Spielregeln, die Verständigungsformen, die Gesprächsthemen, der Umgang mit Inhalten, manchmal sogar die Dekoration des Klassenzimmers und die Bekleidung der Lehrkräfte deutlich von der Norm ab. Diese spürbare *Diskontinuität* ist – neben der Leidenschaft für das Fach – ein weiterer Kernaspekt des Unterrichts, den die Studierenden bei ihren Lehrerinnen und Lehrern erlebt haben. Sie beschreiben den Unterricht als einen besonderen, gar sonderbaren Ort – als wäre man »ganz woanders gelandet« (Michael), wenn man den Klassenraum betrat. Diese Diskontinuität hat offenbar eine doppelte Wirkung. Auf der einen Seite trägt die Diskontinuität des Unterrichts zu einem Gefühl von Gemeinschaftlichkeit und Geborgenheit inmitten des Schulalltags bei:

> Das klingt jetzt ein bisschen übertrieben, aber das war so ein besonderer Zeitraum – die anderthalb Stunden oder

> Dreiviertelstunde – wo ich einfach sicher war, irgendwie. Da war so ein Gefühl von Sicherheit. Ich kann mich hier melden, ich kann hier Beiträge leisten, und ich muss jetzt nicht irgendwie Angst haben, von irgendwem gejudged zu werden. (Marie)

Die Diskontinuität des transformativen Klassenzimmers bereitet somit einen Raum, in dem sich eine intensive Form der Zuwendung und Aufmerksamkeit seitens der Lehrkraft ausüben lässt: Hier wird man auf besondere Weise gesehen und gehört. So kann die Andersartigkeit des Unterrichts signalisieren, dass die Schülerinnen und Schüler sich in diesem Raum sicher fühlen können – dass sie es hier wagen dürfen, eigene Perspektiven zum Ausdruck zu bringen oder neue Sichtweisen und Haltungen zu erkunden. Das Gefühl von Sicherheit und Geborgenheit fungiert somit als ein Fundament, von dem aus der persönliche Horizont herausgefordert und erweitert werden kann.

Neben dieser Grundsicherheit sorgt die Diskontinuität des Unterrichts jedoch auch für Ungewissheit, Aufregung oder ein gewisses Unbehagen im Unterricht. Man denke zum Beispiel an Herrn Müllers Ankündigung, dass die Klasse sich den ganzen Unterricht mit dem Auswendiglernen eines Gedichts beschäftigten würde, an die angespannte erste Religionsstunde von Frau Hektor oder an die verwirrende Behauptung von Herrn Bernhard, dass parallele Linien sich doch kreuzen. Es scheint, als wollten sich diese Lehrerinnen und Lehrer die Andersartigkeit ihres Unterrichts immer wieder *zunutze machen*. Auch wenn man sich im Grunde immer sicher gefühlt hat, kann man seinen Erwartungen in diesen Klassenzimmern nie gänzlich vertrauen. Es könnte sich jeden Moment etwas Unvorhergesehenes und Unerwartetes ereignen.

Das gezielte Hervorrufen und Gestalten von Unerwartetem lässt sich als eine Pädagogik des Irritierens charakterisieren. Mit »Irritation« ist üblicherweise eine Erfahrung gemeint, in der eine situationsspezifische Erwartung sich nicht erfüllt. Man wird von seiner Umgebung überrascht, Unerwartetes tritt im Erfahrungsraum auf. Das dadurch hervorgerufene Gefühl von Irritation befindet sich für gewöhnlich auf einem psychologischen Spektrum zwischen »beunruhigend« und »anregend«. Bei beunruhigenden Irritationen handelt es sich um eine Erfahrung, die leicht zu Abschließung und Rückzug führen kann, während bei anregenden Irritationen ein äußerst interessantes Phänomen für pädagogische Zwecke auftritt. Anregende Irritationen deuten die Gegenwart eines Wertes an, den wir bisher missverstanden, abgelehnt oder einfach übersehen haben. Sie schaffen dadurch ein Bewusstsein für Neues: Sie fordern und fesseln uns, sie wecken uns auf, sie drängen zu Aufmerksamkeit und genauerer Beobachtung. Irritierende Ereignisse bergen das Versprechen in sich, dass man durch eine tiefere Beschäftigung mit ihrem Inhalt maßgeblich wachsen und weiterkommen könnte. Eben aus diesem Grund wirken sie aktivierend.

> Ich kann nur von meiner Wahrnehmung sprechen, aber ich habe den Unterricht immer als sehr angespannt wahrgenommen, aber angespannt in dem Sinne von »fordernd«, nicht im Sinne von »unangenehm«, sondern eben eine Anspannung, die zum aktivierenden Arbeiten hingeführt hat. (Elisa)

Durch solche konstruktiven Anspannungen eröffnen Irritationen eine Spanne zwischen dem, was wir kennen, und dem, was noch sein könnte, ohne dass dies zu Verunsicherung oder tiefer Beunruhigung führt. Anders gesagt: anregende Irritationen setzen junge Menschen in den nahezu paradoxen Zustand, dass sie sich in ihrer Unsicherheit trotzdem stets sicher fühlen. Somit können Irritationen als Ansporn fungieren, der dafür sorgt, dass sie den Lerngegenstand vor ihnen eben nicht nur kognitiv zur Kenntnis nehmen, sondern ihn auch *beherzigen* können.

Anregende Irritationen umfassen einige wichtige Eigenschaften, die zum Erfahrungsraum des transformativen Unterrichts gehören: eine Durchkreuzung und Problematisierung von Erwartungen, eine damit einhergehende psychologische Anregung sowie eine Andeutung von (intrinsischem) Wert innerhalb des Lerngegenstandes. Infolge dieses psychologischen Profils können Irritationen auf besondere Weise die vorgefertigten Erfahrungsrahmen der Schülerinnen und Schüler lockern, indem sie sowohl neuartige Fragestellungen aufwerfen als auch die Möglichkeit alternativer Denk- und Wertungsweisen nahelegen, die sie aus dem irritierten Zustand hinausführen. So stellen anregende Irritationen oft den ersten Schritt hin zum transformativen Lernen dar.[2]

2 Die Irritationen, die eine zentrale Rolle im transformativen Klassenzimmer spielen, lassen sich als *euporetisch* beschreiben. Das heißt, sie regen die überwiegend affirmativen emotionalen Reaktionen an – etwa Staunen, Faszination, Inspiration, Freude und Resonanz (vgl. Beljan, 2017) –, welche in den Fallstudien des 2. Kapitels immer wieder zur Geltung gekommen sind. Prinzipiell sind aber auch *aporetische* (offengehaltene) und *dysporetische* (destruk-

3.3 Das Irritieren wagen. Formen anregender Irritation

Wie lassen sich anregende Irritationen[3] im Unterricht konkret gestalten? In der Tat gibt es ein breites Spektrum von Möglichkeiten, wie solche Erfahrungen im Klassenzimmer systematisch hervorgerufen werden können. Diese werden folgend erläutert.

Irritation durch das Auftreten

Die erste Form der Irritation wird durch das Auftreten des Lehrers bzw. der Lehrerin ausgelöst. Mit dem Auftreten ist

tive) Irritationen möglich, deren Verbindung mit solchen konstruktiven Lernprozessen bestenfalls eher instabil ist. Eine solche begriffliche Unterscheidung, welche mir wesentlich erscheint, wurde in der aktuellen erziehungswissenschaftlichen Diskussion jedoch generell übersehen. Irritierende Ereignisse werden dort implizit nahezu ausschließlich als *aporetische* oder *dysporetische* Erfahrungen charakterisiert, bei denen eine »Beunruhigung« gegenüber etwas als »fremd« Wahrgenommenem stattfindet (Koller, 2016). Dass transformative Bildungsprozesse nur aus solchen Erfahrungen hervorgehen, ist nicht nur im Blick auf wichtige empirische Ergebnisse aus der pädagogischen Psychologie fraglich (Pugh, 2011, 2002). Im Lichte der konkreten Aussagen meiner Studentinnen und Studenten zu ihren prägendsten Lehrkräften ist die Behauptung außerdem nicht stichhaltig. Wenn sie von Wendepunkten und einschneidenden Erlebnissen in ihren Bildungsbiografien erzählen, beschreiben meine Studentinnen und Studenten eben nicht Momente der Beunruhigung oder Entfremdung, sondern Erfahrungen, die sie anspornten, anregten, inspirierten.

3 Im Folgenden werden die Begriffe »Irritation« und »anregende Irritation« gleichgesetzt.

natürlich nicht nur das Aussehen gemeint, obwohl dessen Rolle im transformativen Klassenzimmer auch nicht geringzuschätzen ist. Zum Auftreten gehören die Körperhaltung, die Gestik, die Präsenz in der Klasse, die Betonung und Sprachmelodie sowie die vielen anderen Nuancen des pädagogischen Selbstausdrucks, die im Klassenzimmer inszeniert werden. Das Auftreten dient in erster Linie als Verkörperung dessen, wie die Lehrkraft zum Unterrichtsinhalt oder zu ihrem Fach wortwörtlich *steht*, und bietet eine besonders zugängliche Möglichkeit, den Lernenden diesen Standpunkt zu vermitteln.

Ein Kernaspekt des pädagogischen Auftretens ist die bereits angesprochene affirmative Haltung zu den fachlichen Inhalten – die Faszination, Begeisterung und fachliche Leidenschaft –, die die Lehrkraft aus- und vorlebt. Diese Haltung *irritiert*, da junge Menschen sich oftmals kaum hätten vorstellen können, dass man sich von solchen Themen begeistern lassen könnte. Eine Befragte erzählte zum Beispiel davon, wie die »Freude« ihres Lehrers an seinem Fach gleichzeitig »eigen«, aber auch anziehend wirkte.

> Er [der Lehrer] hat so diese *eigene* Freude von sich gegeben. Man hat gemerkt, das kann *doch* alles so Spaß machen. (Magdalena)

Die Tatsache, dass Magdalena trotz der auffälligen »Eigenheit« von Herrn Müller letztendlich zur Feststellung gekommen ist, dass die fachlichen Inhalte »doch« Spaß machen können, offenbart viel. Denn sie hat eine Perspektive gewonnen, von der aus diese Freude am Fach eben nicht mehr so sonderbar und seltsam, sondern sogar als erstrebenswert erscheint. Interessanterweise – und für Magdalena damals auch irritierenderweise – ging es hier um eine Grammatikstunde, in der hauptsächlich Adverbien geübt wurden. Herr Müller zeigte also seine Freude ausgerechnet in einem thematischen Kontext vor, welcher normalerweise als das Gegenteil von »spannend« oder »begeisternd« gilt. Diese erwartungsbezogene Diskontinuität konnte für eine Irritation anregender Art sorgen.

Von einer sehr ähnlichen Irritation berichtete eine weitere Befragte, deren Pädagogikkurs sich um 7:50 Uhr morgens traf. Zu ihrem Erstaunen versprühte ihre Lehrerin bereits zu dieser Uhrzeit eine Energie und Lebensfreude, die sich für Frieda kaum erklären ließ. Wie kann man so früh am Morgen so energisch unterrichten? Was noch irritierender war: Dieser Enthusiasmus stellte kein einmaliges Vorkommnis dar, sondern wiederholte sich in jeder Sitzung.

> Also um 7:50 Uhr waren natürlich alle platt. Als wir aber zur Tür hereingekommen sind, da stand die Lehrerin schon an der Tür und hat uns begrüßt. Danach ist sie energisch durch die Klasse gelaufen. Das Licht war an, wir hatten überall Snacks und Kekse liegen. Je nachdem hatte sie die Tafel an der Wand oder ein lustiges Bild, also keine Ahnung, irgendwie ein Meme oder so an der Wand, eine müde Katze zum Beispiel. Da mussten wir alle schon lachen, weil wir genauso aussahen wie die Katze. Und sie hatte uns dann zum Einstieg einen kleinen Ex gegeben oder wir haben zu einem Lied getanzt, so zum Auflockern und Aufwärmen. Dann wurden alle gefragt, ob es Fragen gab zu den Aufgaben oder so Ähnli-

ches, wie das Wochenende war, ob wir was Spannendes gemacht haben. Es war einfach klar, dass der Unterricht ihr Spaß macht, dass sie selbst viel von uns lernen wollte und dass sie auch wirklich froh war, uns etwas beibringen zu können. (Frieda)

Die scheinbare Unvereinbarkeit zwischen der frühen Uhrzeit und dem Elan dieser Lehrerin sowie die neckende Art, mit der sie den Lernenden begegnete, fungierte nicht nur als Amüsement. Sie diente zur konstruktiven Irritation der Lernenden, damit sie für die weiteren Schritte des Unterrichts geistig und emotional vorbereitet waren: »Man war [nach dem Einstieg] gebannt, man hing an ihren Lippen, man hat zugehört. Ich glaube, ich habe am meisten aus diesem Kurs mitgenommen« (Frieda).

Die Fallstudien aus dem letzten Kapitel zeigen diese Art von Irritation ebenso deutlich. Als Herr Müller die Ausdruckskraft und Schönheit von Shakespeares Sonetten im Unterricht betonte, war das für Magdalena äußerst irritierend. Wie ist es möglich, so dachte sie, dass man von einem Menschen aus dem 16. Jahrhundert so leidenschaftlich reden kann? Was sieht Herr Müller in diesem Text, der mir immer noch so fremd erscheint? Könnte da etwas dran sein? Als Frau Hektor ihre Klasse mit Fragen zu ihren eigenen Haltungen gegenüber Religion und Glauben löcherte, war Elisa überrascht. Religion ist doch jenes Fach, das schon immer – in ihren Worten – »ganz theoretisch« und »nicht greifbar« war. Könnte dies wirklich eine Rolle in meinem Leben spielen? Woran glaube ich überhaupt? Und als Herr Bernhard schmunzelnd die unmöglich erscheinende Kreuzung von parallelen Linien darlegte, war Julia verblüfft.

Wie ist das möglich? Ist Mathematik doch mehr als bloße Formeln, Theoreme, Regeln und Algorithmen? Was will dieser ein Cowboyhemd tragende Mann von mir und meinem seit langem bewährten festen Verständnis von Mathe? Kann Mathematik wirklich »cool« sein?

Das pädagogische Auftreten ist, wie man sieht, sehr eng mit der jeweiligen Persönlichkeit der Lehrkraft verwoben. Trotzdem lassen sich aus dieser Art von Irritation einige allgemeine Leitfäden für die pädagogische Praxis ableiten. Die erste wird einem zwar nicht sonderlich überraschend vorkommen, sie ist aber deshalb nicht unwesentlich. Man kann Gelegenheiten im Unterricht einbauen, bei denen man seine Leidenschaft und Faszination für die Unterrichtsinhalte oder für das Fach selbst zum Ausdruck bringt. Solche sogenannten »Leidenschafts-Geständnisse« können in Form einer Geschichte oder eines kurzen Einwurfs im Laufe des Unterrichts vermittelt werden. Es reicht manchmal sogar nur ein kleiner Kommentar, wie zum Beispiel: »Ich weiß, das klingt jetzt unwahrscheinlich, aber ich finde die Sinus-Kurve spannender als Game of Thrones.« Wichtig ist, dass die Lehrkraft durch die Thematisierung ihrer Bindung zum Unterrichtsstoff vermittelt, dass diese eben keine Nebensache oder Begleiterscheinung des Fachunterrichts ist, sondern das Herzstück der fachlichen Bildung ausmacht.

Neben solchen »Leidenschafts-Geständnissen« wird auch die Bekleidung der Lehrkraft von meinen Studentinnen und Studenten erstaunlich oft angesprochen. In vielen Gesprächen mit Studierenden und in rund drei Viertel der Interviews wird berichtet, dass die prägendsten Lehrkräfte regelmäßig etwas Außergewöhnliches zum Unterricht trugen. In einem Fall ging es um einen Philosophielehrer, der immer in Heavy-Metal-T-Shirts und abgewetzten Chucks aufgetreten ist, dann um einen Physiklehrer, der in der Schule ausschließlich im dreiteiligen Anzug zu sehen war; ebenso wie um eine Pädagogiklehrerin, die auffallend bunte Kleider zu tragen pflegte. Dieses Phänomen ließ sich auch bereits in den Beispielen in Kapitel 2 beobachten. Während Herr Müller dafür bekannt war, dass er zu jeder Stunde eine Fliege trug, beeindruckte Herr Bernhard mit seinem Vokuhila und seinen »coolen« Cowboyhemden. Ich selbst kann mich an einflussreiche Lehrerinnen und Lehrern in meiner Vergangenheit erinnern, die dasselbe getan haben: ein Geschichtslehrer und dann später ein Thermodynamik-Professor, die sich gerne als historische Figuren verkleideten; eine Englischlehrerin, die nur in Kleidern mit ägyptischen Motiven und Mustern zum Unterricht erschienen ist; eine Lateinlehrerin, die ihren Pony – mittels einer beeindruckenden Menge Haargel – in einer nach hinten verlaufenden, zylinderförmigen Welle fixierte; und ein Philosophie-Professor, der sich niemals in einem anderen Outfit als in einem weißen Hemd, einer dunklen Hose und einem Tweed-Sakko blicken ließ – im Winter machte er mit farbigen Wollpullis allerdings eine Ausnahme.

Die Lektion, die man diesen Beispielen entnehmen soll, ist freilich nicht, dass man sich skurril bekleiden oder sich äußerlich sonderbar gestalten muss, um einen transformativen Effekt auf die Schülerinnen und Schüler zu erzielen. Es wird auch immer wieder von Lehrkräften gesprochen, die in ganz normaler oder unauffälliger Kleidung erschienen sind und durch andere Wege überzeugen konnten. Jedoch gibt es gute Gründe, warum dieses Phänomen wirkt. Für jene Lehrkräfte stellte ihre Kleidung eine Möglichkeit dar, um ihre Lehrpersönlichkeit zum Ausdruck zu bringen. Die Kleidung konnte dadurch eine wichtige transformative Rolle erfüllen: durch sie kann man zeigen, dass einen die Beschäftigung mit dem Fach *verändert*.

Das pädagogische Auftreten bietet somit ein effektives Mittel zum Auslösen von Irritationen. Es ist aber nur eine von vielen Möglichkeiten, den transformativen Lernprozess in Gang zu setzen. Diese Möglichkeiten haben allesamt das gleiche Ziel: nämlich, die Schülerinnen und Schüler in ein gewisses Ungleichgewicht zu versetzen, welches zu einer erhöhten Aufmerksamkeit, Neugier und Aufregung anspornt.

Irritation durch Transparenz

Eine zweite Art der Irritation erfolgt durch die pädagogische Transparenz des Lehrers bzw. der Lehrerin. Pädagogische Transparenz meint in diesem Kontext die Bereitschaft, eine persönliche Dimension zur Aufbereitung und Auseinandersetzung mit fachlichen Inhalten einzubringen. Die Lehrkräfte, die meine Studentinnen und Studenten als besonders prägend beschreiben, scheuten sich anscheinend nicht davor, im Unterricht von sich selbst und ihrem Leben zu erzählen. Sie sehen persönliche Anekdoten, Geschichten, Geständnisse und Meinungsäußerungen als einzigartige Gelegenheiten, um die bedeutende Rolle ihres Fachs in ihrem Leben darzustellen.

Magdalena aus dem letzten Kapitel erlebte in der Tat einige Male anregende Irritationen durch Herrn Müllers transparenten Unterrichtsstil. Sie berichtete, dass Herr

Müller sehr häufig von sich und seinen Erlebnissen mit der englischen Sprache erzählte. Dadurch konnte er zeigen, so Magdalena, dass nicht nur eine neue Sprache durch den Englischunterricht gewonnen wird, sondern eine ganze Kultur, in der man sich »zu Hause« fühlen kann. Herr Müller lieferte dabei kein explizites »Argument« für die Relevanz oder Bedeutung der englischen Sprache – seine Methode war erheblich überzeugender:

> Er hat immer so Sachen aus seinem Privatleben erzählt und ich habe gesehen: »Wow, der ist hier in Deutschland geboren und diese Kultur hat seinen Blick komplett erweitert.« Dadurch, dass er da so eingetaucht ist, hat er noch eine Kultur, in der er total zu Hause ist. Aber das kam immer mehr durch diese persönlichen Berichte von ihm, wie sehr er dafür brannte. Er hat aber nie gesagt: »Und das müsst ihr auch.« Er hat das so vorgelebt, und dann wollte ich das auch. (Magdalena)

Mit solch transparenten Berichten und Geschichten konnte Herr Müller also vorleben, so Magdalena, wie man eine transformative Beziehung zum Englischen entwickeln kann. Dies gilt auch für viele andere Lehrerinnen und Lehrer, von denen Studierende berichten. Sie erzählen von Errungenschaften und Pannen, von Momenten des Erfolgs sowie des Scheiterns, von neuen Einsichten und peinlichen Fehlern. Zuweilen offenbarten sie, dass es ihnen in ihrem Privatleben nicht so gut ginge und sie sich deshalb diesmal nicht so ausgiebig wie sonst auf die Unterrichtsstunde vorbereiten konnten, oder sogar, dass sie ein bestimmtes Unterrichtsthema im Vergleich zu anderen nicht so spannend fänden. Interessanterweise sind es solche »negativen« Offenbarungen und »Pannen-Geschichten«, die von Studierenden besonders wertgeschätzt werden. Ihre Lehrerinnen und Lehrer vermitteln dadurch eine gewisse Nähe und Menschlichkeit, welche zum Aufbau der Vertrauensbasis beiträgt, die für transformatives Lernen notwendig ist. Für eine Befragte war eine solche Pannen-Geschichte genau das Richtige, nachdem sie kurz vor ihrem Abitur eine ziemlich schlechte Leistung in einer Klausur erbracht hat.

> Wie er unterrichtet hat und wie er uns gegenüber begegnet ist, hat mich auch sehr inspiriert. Im Englisch-Leistungskurs war ich keine 1er-, 2er-Kandidatin mehr. Ich wurde schlechter und schlechter. Herr Jonas hatte auch echt hohe Anforderungen, muss ich auch sagen. Und es hat mich immer mehr entmutigt, dass ich schlechtere Noten geschrieben habe. Es gab auch mal, als ich zum Beispiel in der Vor-Abi-Klausur eine 4 geschrieben habe, da musste ich weinen, weil ich mit so einer Leidenschaft dran war und es mir unfassbar Spaß gemacht hat, aber ich war nicht so gut im Analysieren von Texten. Und dann hat er sich wirklich die Zeit genommen, hat sich mit mir eine Stunde hingesetzt, und ich habe schon wieder geweint. Da hat er gesagt: »Soll ich dir mal etwas anvertrauen? Das bleibt unter uns. Ich habe in meiner Abi-Klausur in Englisch eine 3 geschrieben, und ich habe es trotzdem geschafft. Und du hast jetzt eine 4 geschrieben. Gut, die Abi-Klausur wird dann besser und wenn sie auch nicht besser wird, du wirst dein Abi schaffen, und dadurch musst du dich nicht entmutigen [lassen].« (Merve)

Dabei mag sich manch einer fragen, ob solch persönliche Offenbarungen nicht der Inbegriff dessen wäre, was *nicht* in einen fachlichen Lernkontext hineingehört. Anekdoten, Pannen-Geschichten und andere Formen der Transparenz seien doch subjektiv, fachliches Wissen hingegen sei objektiv. Haben Lehrerinnen und Lehrer nicht »professionell« zu sein, und steht das Persönliche nicht einer solchen Professionalität entgegen? Wenn man dieser Meinung ist, kann ich an dieser Stelle nur nochmal an die Argumentation des ersten Kapitels verweisen. Das angeblich objektive Wissen innerhalb der Fächer ist nicht nur von subjektiven Wertungen, beschränkten Erkenntnisinteressen und soziokulturellen Normen durchdrungen, wie die Wissenschaftstheorie seit einigen Jahrzehnten dargelegt hat. Die Rechtfertigung fachlicher Erkenntnisse als Lerninhalte im Lehrplan kann sowieso nur durch dessen Einwirkung auf die real erlebte Qualität subjektiver Erfahrung gelingen. Die Gegenüberstellung von Objektivität und Subjektivität in fachlichen Kontexten ist also nicht stichhaltig. Das Gleiche gilt für die Gegenüberstellung des Professionellen und des Persönlichen. Denn es ist lediglich eine persönliche Verbindung zum Fach – das Gefühl, dass das Fach Faszinierendes und Lebensbereicherndes beinhaltet –, welche eine dauerhafte und umfassende Auseinandersetzung mit seinen Inhalten motivieren kann. Diese emotional belebte Haltung gegenüber dem Fach, die im vorigen Kapitel unter dem Begriff der *Aspiration* eingeführt wurde, bildet das psychologische Fundament für transformatives Lernen.

Die pädagogische Funktion von Transparenz ist es also, ebendiese Haltung gegenüber dem Fach darzustellen und sie dadurch den Schülerinnen und Schülern zugänglich zu machen. Durch ihre Transparenz können Lehrkräfte immer wieder betonen, dass das Ziel und der Zweck des Fachunterrichts letztlich die Bereicherung, Erweiterung und Vertiefung der Erfahrung ist – dass man mehr sieht und versteht und fühlt in der Welt, wenn man sich gewissenhaft mit den Inhalten des Fachs auseinandersetzt. Die Transparenz ermöglicht es also, zu vermitteln, wie ein Leben durch die Beschäftigung mit fachlichen Inhalten transformiert werden kann. Studierende berichten erstaunlich häufig, dass es das Persönliche ist, das sie *am meisten* am Unterricht ihrer Lehrerinnen und Lehrer schätzten.

> Herr Riemann war auch Vegetarier, und er hat sich nicht gescheut, das zu verteidigen. Also er hat es nicht aufgezogen, aber als wir über Tierethik geredet haben, hat er das bis ins Mark verteidigt, dass das eine valide Positionierung ist und dass Vegetarier und Nichtvegetarier sich nicht bekriegen sollten, sondern dass sie sich gegenseitig leben lassen sollten. Und das hat mir dann noch mal richtigen Selbstbewusstseins-Push gegeben, dass man dieses Denken und die eigene Überzeugung ruhig verteidigen darf, dass man sich da nicht verstecken muss, irgendwie, nur weil man anders ist als der Mainstream, nur weil man irgendwie anders denkt oder Erkenntnisse gewonnen hat. (Sarah)

Durch Herrn Riemanns Bereitschaft, über seine persönliche ethische Einstellung zu reden und diese sogar zu verteidigen, hat die Befragte einen »Selbstbewusstseins-Push« erleben können, indem sie die Kraft des philosophischen Argumentierens als Lebenspraxis erlebte. Natürlich kann eine solche Transparenz unangemessen sein – etwa wenn die eigene Meinung, Denkweise oder Perspektive mögliche Alternativen ausschließt oder wenn das Persönliche eine allzu intime Gestalt annimmt. Pädagogische Transparenz soll aus aspirativer Sicht vornehmlich dem Zweck dienen, den Schülerinnen und Schülern eine neue Facette, Anwendung oder Interpretationsweisen der Unterrichtsinhalte aufzuzeigen, so dass deren intrinsischer Wert offengelegt werden kann. Wenn dies nicht der Fall ist, müsste man tatsächlich einem Ausdruck der Transparenz mit etwas Skepsis begegnen.

Doch was ist zu tun, wenn man glaubt, über kein besonders gutes »Transparenzmaterial« – also beispielsweise über keine guten Pannen-Geschichten oder Anekdoten – zu verfügen, die man in den Unterricht einbringen kann? Wenn man eher selten solche persönlichen Elemente in den Unterricht einbaut, kann es einem so vorkommen, als hätte man keinen passenden Stoff. In der Regel legt sich jedoch dieses angebliche Problem wieder, wenn man gezielt solche Versuche unternimmt. Nach und nach entwickelt sich eine erzählerische Perspektive auf das eigene Leben, die die Konzeption und Einbringung von Persönlichem wesentlich erleichtert.

Ein pädagogisches Mittel, das als wirksamer erster Schritt hin zu persönlicher Transparenz dienen kann, stellt das Gedankenexperiment dar. Anstatt von der eigenen Beziehung zum gegebenen Unterrichtsthema zu erzählen, *erfindet* man eine Situation, in die nicht der Lehrer bzw. die Lehrerin, sondern die Lernenden direkt miteinbezogen werden. Der Vorteil von Gedankenexperimenten ist, dass ihre Inhalte passgenau zu den Unterrichtsthemen ausgedacht werden können und trotzdem ein ähnliches emotionales Spektrum wie erlebte Anekdoten und Geschichten aufweisen. Gedankenexperimente können dramatisch und berührend sein – etwa wenn man sich im Englischunterricht vorstellen soll, man lebe zu Zeiten der Rassentrennung im Süden von Amerika. Oder sie können humorvoll sein – etwa wenn es in der Mathematik um eine skurrile Begegnung zwischen der etwas pedantischen »reellen Zahlengeraden« und dem wahnwitzigen Zauberer $\sqrt{-1}$ geht. Hier, wie bei den bereits benannten Formen der Transparenz ist es das Ziel, einen unmittelbaren Lebensbezug zu den Inhalten darzustellen, so dass die Schülerinenn und Schüler das Potenzial des Fachs zur Erweiterung und Bereicherung der Perspektive hautnah erleben können.

Pädagogische Transparenz betrifft nicht nur die »Methoden« oder »Unterrichtselemente«, die man in den Unterricht einbaut. Sie umfasst auch eine allgemeine Umgangsweise, die man gegenüber den Schülerinnen und Schülern praktizieren kann. Vieles ist beispielsweise bereits geschafft, wenn man regelmäßig begründet, *warum* man diese oder jene Entscheidung im Klassenzimmer getroffen hat. Dies gilt besonders dann, wenn Themen oder Übungen drankommen, die von sich aus als weniger spannend gelten (z.B. Vokabeln lernen). Studierende berichten immer wieder beeindruckt von ihren prägendsten Lehrerinnen und Lehrern, dass sie sehr »ehrlich« und »aufrichtig« über ihre pädagogischen Entscheidungen, ihre Erwartungen und vor allem ihre Fehler erzählten und dass sie außerdem immer bestrebt waren, Feedback von ihren Schülerinnen und Schülern einzuholen. Eine solche transparente Umgangsweise im Unterricht hilft dabei, stets offen für das Experimentieren mit neuen, effektiveren Zugängen zu den jungen Menschen, die dort sitzen, zu bleiben sowie den Unterricht wieder auf den richtigen Kurs zu bringen, wenn eine Stunde nicht so optimal abgelaufen ist wie ursprünglich angedacht.

Irritation durch Zuwendung

Eine dritte Art der Irritation betrifft die Lehrer-Schüler-Beziehung, die in transformativen Klassenzimmern gepflegt wird. Studierende beschreiben die prägendsten Lehrkräfte durchweg als ihren Schülerinnen und Schülern auf besondere Weise zugewandt. Obwohl sie den Unterricht generell als sehr fordernd und anspruchsvoll charakterisieren, stellen Studierende ihre Lehrerinnen und Lehrer mit Attributen wie »empathisch«, »verständnisvoll«, »aufmerksam« und »engagiert« dar. Diese Menschen wollen offenbar wissen, was ihre Schülerinnen und Schüler von den Unterrichtsthemen halten, welche Perspektiven und Einsichten sie einbringen können und inwiefern sie im Unterrichtsstoff eine Relevanz für ihr Leben sehen. Sie fragen regelmäßig nach der Meinung ihrer Schülerinnen und Schüler und nach Feedback zum Kurs, und sie bauen immer wieder Raum für Diskussionen und Austausch in ihren Unterricht ein. Sie interessieren sich aufrichtig dafür, wie es ihren Schülerinnen und Schülern geht, und bemerken zudem, wenn etwas mit ihnen nicht in Ordnung ist.

Man merkte, dass man nicht unsichtbar war, nicht einer von vielen. Man hatte das Gefühl, etwas Besonderes zu sein und dass jeder andere Fähigkeiten hatte, dass jeder so geschätzt worden ist, wie er ist. (Frieda)

Diese Art der Zuwendung sorgt bei jungen Menschen oft für Irritation: Ein solches ernsthaftes Interesse an ihren Meinungen, Gefühlen und ihrem allgemeinen Wohlbefinden befindet sich außerhalb des Erwartungshorizonts, welcher die übliche Interaktion mit Lehrerinnen und Lehrern ausmacht. Eine Befragte berichtete zum Beispiel, dass die Fürsorge und Zuwendung ihres Philosophielehrers ihr anfangs nicht ganz »angenehm« war. Sarah war an kältere, distanzierte Beziehungen zu ihren Lehrerinnen und Lehrern gewöhnt, die eher einer Geschäftsbeziehung und einem Tauschgeschäft glichen: Die Lehrkraft formuliert klar und deutlich ihre Erwartungen, die Lernenden kommen diesen nach, um damit als Gegenleistung die gewünschte Note zu erzielen. Doch diese Verfahrensweise hat ihr Lehrer gänzlich abgelehnt:

> Ich muss auch nochmal einen Disclaimer nennen, weil es nicht so war, dass ich direkt sagen konnte: Oh diese Nähe zu Herrn Riemann, das ist total angenehm. Ich fand das am Anfang eher erschreckend, weil ich sehr in diesem schulischen Notenkonstrukt gefangen war. Noten fand ich unglaublich wichtig. Da musste immer die Eins stehen, sonst ging gar nichts. Und das hat mich zwar auch super unglücklich gemacht, aber deshalb hat mir die übliche Distanz eigentlich immer gutgetan, weil das dann diese berufliche Ebene war, quasi. Und dann aber nicht zu wissen, wie der Lehrer [Herr Riemann] tickt, damit ich die Eins rausholen konnte, und dann diese neue

charakterliche Nichtdistanz zu haben – das hat mich erst mal total abgeschreckt. (Sarah)

Wie diese Studentin beschreibt, war die »Nichtdistanz« von Herrn Riemann erst mal »abschreckend« – sie kam ihrer üblichen Strategie in die Quere, sich bloß am Unterricht zu beteiligen, um guten Noten nachzujagen. Herr Riemann wollte seine Schülerinnen und Schüler kennenlernen, *wirklich* kennenlernen, damit der Unterrichtsstoff sich in seiner vollen Bedeutung entfalten konnte, wie Sarah erst später begreifen konnte. Denn er war der Meinung, dass die Philosophie ein ganz persönliches Anliegen sei – ein Mittel zur Gestaltung eines guten, durchdachten menschlichen Lebens. Herr Riemanns Zuwendung war also mehr als nur ein Beitrag zu einem guten Klassenklima. Sie war sein pädagogischer Ausgangs- und Endpunkt, durch den er den Sinn des Fachs Philosophie kommunizieren wollte.

Dieses Beispiel verdeutlicht außerdem, wie der kalte Professionalitätskult unterbrochen werden kann, der im Namen von Objektivität und Fachlichkeit den Möglichkeitshorizont der pädagogischen Praxis verkürzt. Irritationen durch Zuwendung spornen dazu an, die persönliche, existenzielle Bedeutung der Inhalte zu erkunden. Vorteilhaft an dieser Art von Irritation ist, dass sie in der Gestaltung der Unterrichtspraxis äußerst flexibel ist. Zuwendung lässt sich prinzipiell in sehr verschiedenen Kontexten im Klassenzimmer zur Geltung bringen. Eine Befragte, Haniah, erzählte zum Beispiel von einer Grundschullehrerin, die ihr eine besondere Art der Zuwendung zeigte. Haniahs Familie ist erst kurz nach ihrer Geburt aus Afrika nach Deutschland eingewandert, so dass sie stark mit der deutschen Sprache zu kämpfen hatte. Sie zählte immer zu den Schlechtesten im Fach Deutsch und rutschte mit ihren Sprachfähigkeiten immer weiter nach hinten. Doch diese Lehrerin griff ein – nicht nur mit emotionaler Unterstützung, sondern mit einer gezielten Unterstützung durch *Aufgaben*.

> Und ich hatte bei ihr das Gefühl, dass sie mehr als eine Lehrerin ist, dass sie einfach viel mehr war als nur »ich unterrichte jetzt meine Fächer, bereite ein bisschen den Unterricht und gehe nach Hause«. Sie hatte sich wirklich die Zeit genommen, die extra 10 oder die 20 Minuten nach dem Unterricht, zu sagen: »Ja, komm mal bitte nach vorne, komm mal zu mir. Wie war es für dich? Hast du das verstanden? Wo sind deine Schwierigkeiten?« Sie hat auch wirklich geguckt – und das machen viele Lehrer nicht –, was meine Stärken und meine Schwächen sind. Und immer, wenn wir Ferien hatten, hatte sie mir noch mal extra Deutsch-Aufgaben gegeben. Ich hatte immer Schwierigkeiten mit den Artikeln. Sie hatte mir eine Liste ausgedruckt mit zehn Seiten, wo das nochmal genau aufgeschrieben wurde, und das war halt noch eine Sache, wo ich mir dachte: »Okay, das ist viel Arbeit, aber sie hat sich die Sachen nochmal rausgesucht und dann nochmal ausgedruckt und dass sie sich einfach nochmal die Zeit genommen hat.« (Haniah)

Als Haniah den Berg an Aufgaben betrachtete, die ihre Lehrerin vorbereitete, staunte sie erstmal über »viel Arbeit«, merkte aber gleichzeitig, dass ihre Lehrerin »sich einfach nochmal die Zeit genommen hat«, um sie gezielt zu fördern. Diese Irritation sowie auch die sprachliche Unterstützung, die Haniah dadurch geboten wurde, führte dazu, dass ihre Beziehung zum Fach Deutsch und allgemein ihre Leistung in der Schule immer besser wurde. Am Ende erhielt sie eine Empfehlung für das Gymnasium. Dennoch schien Haniah dieser Bildungsweg erst mal eine Sache der Unmöglichkeit zu sein. Das Gymnasium sei für sie nicht nur viel zu herausfordernd, so dachte sie, zudem wusste ihre Mutter auch gar nicht, was das Gymnasium im Vergleich zu anderen Schulen auszeichnet, was es überhaupt für einen bedeutet, eine solche Schule zu besuchen:

> Da hat [die Lehrerin] gesagt: »Haniah, ich würde dir gerne empfehlen, dass du auf das Gymnasium gehst. Und ich habe sogar eine tolle Schule für dich ausgesucht«. Dann musste ich auch erst mal darüber nachdenken: Wie erkläre ich das meiner Mutter? Sie wusste nicht mal, dass es Unterschiede zwischen Gymnasien oder Gesamtschulen gibt. Und dann dachte ich so: »Wie mache ich das?« Und dann weiß ich noch ganz genau, dass sie mir das gesagt hatte und dann: »Wir rufen deine Mutter zusammen an und dann sprechen wir nochmal mit ihr darüber.« (Haniah)

Eine solche Hilfsbereitschaft und ein solches Engagement sind in den Erfahrungsberichten meiner Studentinnen und Studenten zu den prägendsten Lehrkräften ganz typisch. Eine Studentin erzählte von einer Lehrerin, die immer Snacks und Tee zu ihren Kursen brachte; eine andere von einer Lehrerin, die als erste Anlaufstelle für Beziehungsprobleme diente; eine andere von einem Lehrer, der seinen SchülerInnen und Schülern persönlich ausgesuchte Bücher am Ende des Schuljahres schenkte. Es gibt eine breite Vielfalt von Ausdrucksmöglichkeiten, um den Lernenden Zuwendung im Unterricht entgegenzubringen.

Wie bei der pädagogischen Transparenz können Gesten der Zuwendung auch prinzipiell professionelle Grenzen überschreiten, die unbedingt einzuhalten sind. Das Konzept und die Zielsetzung der Aspiration gibt auch hier Orientierung: Denn aus aspirativer Sicht sind insbesondere diejenigen Formen der Zuwendung im Unterricht zu praktizieren, die die wachsende Selbsttätigkeit, Offenheit und Faszination der Lernenden für die fachlichen Inhalte fördern. Die besorgniserregenden Formen der pädagogischen Nähe, die in Einzelfällen in problematischer Distanzlosigkeit münden kann, haben alle gemeinsam, dass der Fokus der Lehrer-Schüler-Interaktion nicht auf dem Möglichkeitshorizont des Fachs und seiner Inhalte, sondern auf den vornehmlich egozentrischen Bedürfnissen der Lehrkraft selbst liegt.[4]

3.4 Von der Irritation zur Transformation

Pädagogische Zuwendung ebenso wie das pädagogische Auftreten und die pädagogische Transparenz stellen wirksame Modalitäten der Unterrichtspraxis dar, durch die sich Irritationen im Klassenzimmer gestalten lassen. Solche Irritationen bieten – wie gezeigt – einzigartige Ressourcen, um die psychologischen Voraussetzungen für transformatives Lernen zu schaffen. Sie stellen bisher Gewohntes und

4 Zur weiterführenden Diskussion der Spannung zwischen pädagogischer Nähe und Distanz siehe Helsper (2013).

Bekanntes in Frage. Sie erwecken dabei Neugier, Interesse, Faszination und konstruktives Unbehagen. Und sie konfrontieren junge Menschen mit neuen Umgangsweisen mit dem Unterrichtsstoff, die ihnen fremdartig, aber trotzdem anziehend erscheinen.

Die Formen anregender Irritation im transformativen Unterricht

Transformativer Unterricht inszeniert Momente anregender Irritation, die die Überzeugungskraft neuartiger Perspektiven und Einstellungen gegenüber den fachlichen Inhalten eröffnen sollen. Dabei haben sich drei Formen der unterrichtlichen Irritation als besonders effektiv erwiesen:

1. *Irritation durch das Auftreten*: Mit dieser Form der Irritation nutzt die Lehrkraft ihre unterrichtliche Präsenz, ihre Gestik, ihre rhetorischen Fähigkeiten sowie ihr äußerliches Aussehen, um ihre Beziehung zu den Unterrichtsinhalten darzustellen.
2. *Irritation durch Transparenz*: Mit dieser Form der Irritation nutzt die Lehrkraft persönliche Geschichten, Anekdoten, Geständnisse, Meinungsäußerungen (oder auch Gedankenexperimente), um die transformative Kraft der Inhalte am Beispiel des eigenen Lebens (oder nah am Erleben der Schülerinnen und Schüler) zu verdeutlichen.
3. *Irritation durch Zuwendung*: Mit dieser Form der Irritation schafft die Lehrkraft Gelegenheiten, ein authentisches Interesse am Wohlergehen der Schülerinnen und Schüler zu zeigen, um den Glauben an ihr Potenzial als Lernende vermitteln zu können.

Trotz der pädagogischen Möglichkeiten und Vorteile von Irritationen ist es sehr unwahrscheinlich, dass transformatives Lernen nur durch solche Momente zustande kommen wird. Ihr Überraschungseffekt, ihre Nichtvorhersehbarkeit und ihre Diskontinuität mit dem Üblichen machen Irritationen zwar oft zu wichtigen Wende- und Anhaltspunkten im eigenen Entwicklungsverlauf, von denen meine Studentinnen und Studenten auch gerne erzählen. Dennoch sind sie nur *ein* Element von mehreren, die einen Unterricht ausmachen, der systematisch auf die Ingangsetzung transformativen Lernens abzielt. Denn die intensive fachliche Auseinandersetzung, in der transformatives Lernen mündet, geht aus einem besonders tiefgehenden *Perspektivenwechsel* hervor. Im Rahmen dieses Perspektivenwechsels erscheint das Versprechen fachlicher Inhalte nicht nur als eine anziehende Möglichkeit, er wird vielmehr als eine Bereicherung, Vertiefung und Transformation des eigenen Horizonts *erlebt*. Anders gesagt: während Irritationen intrinsischen Wert andeuten, wird er durch den Perspektivenwechsel vermittelt.

Ein Unterrichtsmodell, das auf den wichtigen psychologischen Durchbrüchen der Irritation aufbaut und transformative Perspektivenwechsel systematisch ins Visier nimmt, bildet das Thema des nächsten Kapitels. Dort wird thematisiert, wie Lehrkräfte ihren Schülerinnen und Schülern dabei helfen können, die ersten wichtigen Schritte hin zu einer transformativen Beziehung mit den fachlichen Inhalten zu tun, welche sowohl innerhalb als auch außerhalb des Unterrichts weiterverfolgt wird.

4 Unterricht neu denken. Ein praktischer Orientierungsrahmen für transformativen Unterricht

Transformatives Lernen lässt sich durch eine Vielfalt an persönlichen Erfahrungen, inhaltlichen Begegnungen und pädagogischen Ansätzen auslösen. Dementsprechend ist das Methodenspektrum der prägenden Lehrkräfte – wie wir bereits gesehen haben – breit und vielschichtig. Und doch ist eine Systematik hinter ihren verschiedenen Zugängen und unterrichtlichen Umgangsweisen zu beobachten. Transformativer Unterricht kommt durch konkrete, intuitive und systematische Unterrichtselemente zustande, die sich immer wieder in transformativen Klassenzimmern finden lassen.

Im vorliegenden Kapitel werden die charakteristischen Elemente eines transformativen Unterrichts dargestellt. Wie kann man die psychologischen Effekte nutzen, die die Irritation schafft? Wie lässt sich jene aspirative Form der Motivation fördern, die transformatives Lernen anspornt und aufrecht erhält? Wie kann man Perspektivenwechsel gestalten, die zur regen Beschäftigung mit den Unterrichtsinhalten sowohl innerhalb als auch außerhalb der Schule ermutigen? Der praktische Orientierungsrahmen für transformativen Unterricht, der im Folgenden dargelegt wird, soll eine systematische Antwort auf solche Fragen liefern.

Dieser Orientierungsrahmen ist so konzipiert, dass seine verschiedenen Elemente in der praktischen Anwendung möglichst flexibel eingesetzt werden können. Das transformative Unterrichtsmodell kann an die Bedürfnisse und

Charakteristika unterschiedlicher fachlicher Kontexte und Klassenstufen angepasst, mit verschiedenen Graden des unterrichtlichen Planungsaufwands eingesetzt und mit einer Vielfalt an Lehrstilen und bestehenden Unterrichtsansätzen in Einklang gebracht werden. So lässt sich der Orientierungsrahmen für transformativen Unterricht nicht nur bei der Konzipierung, sondern auch bei der Durchführung, der Nachbereitung und der Langzeitplanung eines transformativen Unterrichts anwenden. Bei der Darstellung dieses flexiblen Modells für transformativen Unterricht steht das Ziel im Hintergrund, einige anschauliche Ideen an die Hand zu bekommen, um transformatives Lernen bereits »in der nächsten Stunde« ins Rollen zu bringen.

4.1 Die Irritation

Warum gehören Momente der Irritation so oft zum Erfahrungsraum eines transformativen Unterrichts? Die kurze Antwort darauf ist, dass anregende Irritationen eine Andeutung von intrinsischem Wert inszenieren. Wie im letzten Kapitel dargelegt, kommunizieren irritierende Ereignisse den Lernenden, dass ein vielversprechendes *Etwas* im Unterrichtsthema oder im Fach selbst besteht, das sie bisher übersehen oder missverstanden haben und deswegen noch weiterverfolgen müssen, damit sich das volle Potenzial der fachlichen Inhalte zur Bereicherung der eigenen Perspektive entfalten kann. Irritationen setzen den Prozess der Aspiration in Gang, durch den man den Quellen intrinsischen Wertes innerhalb der Fächer begegnet. Sie erwecken das Gefühl, dass das Fach einzigartige Ressourcen für die Erweiterung des eigenen Erfahrungshorizonts und die Gestaltung eines sinnvollen Lebens bietet. Es gilt, Irritationen in den Unterricht einzubauen, damit das an sich Wertvolle der Unterrichtsfächer deutlich und attraktiv hervorgehoben werden kann.

Da die verschiedenen Formen und Methoden der Irritation bereits im letzten Kapitel anhand zahlreicher Beispiele diskutiert wurden, will ich an dieser Stelle näher auf die angemessene Platzierung von Irritationen im transformativen Unterricht eingehen. Irritationen können in der Tat in jeder Unterrichtsphase eingearbeitet werden. Besonders gewinnbringend sind sie aber in der Anfangsphase – ob am Anfang der Stunde oder einer thematisch zusammenhängenden Unterrichtsreihe oder bei der Rückkehr in die Schule nach den Ferien oder zum Schulbeginn. Denn Hermann Hesse hatte recht: Jedem Anfang wohnt ein Zauber inne, und die Irritation erlaubt es, diesen Zauber für sich zu nutzen.

Stellen wir uns vor, wir wollen eine solche Irritation in den Unterricht einbauen. Wie fängt man mit der Gestaltung solcher Momente an? Zur Konzeption einer thematisch passenden Irritation muss zuallererst festgestellt werden, was an dem zu behandelnden Material besonders faszinierend oder augenöffnend ist – d. h. welche zwischenmenschlichen, lebensweltlichen, ethischen und ästhetischen Dimensionen der Unterrichtsinhalte herausgearbeitet werden können, damit die Schülerinnen und Schüler dort die Gegenwart eines für sie neuartigen Wertes spüren können. Diese thematische Festlegung dient als wichtiger Leitfaden für den Rest der Stunde. Eng damit zusammenhängend ist auch eine Vorstellung der möglichen psychologischen Hürden und Hindernisse seitens der Lernenden, die der Anerkennung von und Auseinandersetzung mit intrinsischen Wertbezügen im Wege stehen könnten. Dafür kann es hilfreich sein, sich die folgende Frage zu stellen:

> *Welche Erwartungen, Annahmen, Prämissen oder Binsenweisheiten kann ich als fragwürdig erscheinen lassen, um eine neue Perspektive auf den Wert des Unterrichtsstoffs zu eröffnen?*

Das als fragwürdig Geschilderte kann spezifisch auf das relevante Unterrichtsthema zugeschnitten sein, oder es kann das Fach an sich betreffen. Wichtig ist, dass es um eine Haltung oder Meinung geht, die die Schülerinnen und Schüler explizit oder implizit bereits verinnerlicht haben. So kann eine kognitive Spannung zwischen ihrer bisherigen Perspektive und einer neuen Sichtweise entstehen, die durch die Irritation angedeutet wird.

Um sich eine genauere Vorstellung von der »Praxis des Irritierens« machen zu können, wird ein kurzes Beispiel hilfreich sein – diesmal nicht aus den Berichten von Studierenden, sondern aus meiner eigenen Praxis als Hochschullehrer. Ich biete in der Regel jedes Semester ein Seminar mit dem Titel »Ethische Dimensionen pädagogischer Praxis« für Lehramtsstudierende an. Der erste Text, den wir gemeinsam lesen, stammt aus Kants *Grundlegung zur Metaphysik der Sitten*. Dieser Text ist sprachlich und konzeptuell äußerst herausfordernd und stellt außerdem für viele die erste Begegnung mit der Philosophie überhaupt dar. Die Studierenden beschreiben ihre Erfahrung mit dem Text zu Beginn häufig als »lebensfern«, »sehr abstrakt«, »furchtbar langweilig« und manchmal »einfach schlimm« und sind in der Regel etwas »genervt«, dass sie so lange zum Lesen des Textes und zur Bearbeitung der dazugehörigen Aufgaben brauchen. Um trotz dieser ungünstigen Ausgangsbedingungen einen Zugang zu diesem Text zu ermöglichen, versuche ich zu Beginn der Sitzung zwei verschiedene Irritationen einzubauen. Erstens beginne ich die Sitzung, ohne direkt auf den Text zu verweisen oder den gängigen »Plan für den Tag« vorzustellen. Stattdessen starte ich mit einem ausgiebigen, ziemlich dramatisierten Gedankenexperiment, in dem ein Mädchen beim Spicken erwischt wird. Wenn es für das Mädchen zu einem Verweis käme, so erkläre ich den Studierenden, würde es höchstwahrscheinlich in große Schwierigkeiten mit ihren Eltern geraten, die einen extrem hohen Leistungsdruck auf sie ausüben, so dass sie zunehmend Anzeichen von Angstzuständen, Schlafstörungen und psychischer Instabilität zeigt. Die Studierenden müssen am Ende meiner Erzählung eine Entscheidung zwischen verschiedenen Handlungsoptionen treffen – z. B. ob sie den Fall trotzdem beim Schuldirektor melden würden oder nicht –, welche sie ohne vollständiges Wissen, nur auf Basis der im Text eingeführten Konzepte rechtfertigen können. Das Gedankenexperiment soll nahelegen, dass der Text, trotz seiner scheinbaren Abstraktheit und Lebensferne, einen wichtigen Beitrag zur Lösung eines erkennbar wichtigen Problems in der Schule leisten kann. So soll *implizit* dargestellt werden – eine explizite Argumentation dafür würde zweifelsohne auf taube Ohren stoßen –, dass es sich lohnt, sich mit diesem Text und seinen Thesen auseinanderzusetzen.

Der nächste irritierende Moment, den ich zu gestalten versuche, ist ein deutlich einfacherer. Nach diesem Gedankenexperiment und der nachfolgenden Diskussion gestalte ich einen Übergang zur Behandlung des Textes, bei dem ich kurz über die Lektüre als Ganzes spreche. Hier halte ich mich nicht zurück: Ich schwärme von der Tiefgründigkeit und der inspirierenden Kraft von Kants Text und gebe vor, dass es den Studierenden bestimmt auch so gegangen sei, dass sie davon komplett überwältigt seien. Bestimmt würden sie sich wahnsinnig auf die heutige Sitzung freuen, in der sie sich ja ein zweites Mal mit dem Text befassen dürften. Ich sage ihnen, dass sie bis zum Ende der Sitzung gewiss alle Kantianer geworden sind und dass ich mir sogar vorstellen könnte, dass sie diesen Text immer in der Schultasche dabeihaben werden, wenn sie später Lehrerinnen und Lehrer sind. Dabei schwingt natürlich ein gewisses Maß an Ironie mit, aber die Schwärmerei ist nicht nur ironisch gemeint. Die Pointe ist, dass in dem Text doch etwas sehr Wichtiges steckt: Kants ethische Perspektive leistet einen wesentlichen Beitrag dazu, in der Unterrichtspraxis eine durchdachte ethische Haltung als Lehrkraft zu entwickeln, und die Studierenden müssen deshalb gut aufpassen, wenn sie diese Kernbotschaft nicht verpassen wollen.

Diese beiden Irritationen sollen nicht nur dazu dienen, die kantische Ethik als »gar nicht so schlimm« zu erweisen, wie es die Studierenden anfänglich gefunden haben. Sie sollen gleichzeitig andeuten, dass die unterrichtliche Praxis ein zutiefst ethisches Unterfangen ist – dass man viele wichtige ethische Möglichkeiten und Facetten der pädagogischen Praxis übersehen würde, wenn man im Seminar nicht die Chance ergreift, anhand der Seminarlektüre die eigenen ethischen Annahmen und Intuitionen auf den Prüfstand stellen zu lassen und sich damit auf den Weg hin zur einer kohärenten ethischen Identität als Lehrer bzw. Lehrerin zu begeben. Dieses pädagogische Selbstverständnis ist nicht nur für die Integrität und »Gesetzeskonformität« der professionellen Praxis wesentlich, sondern auch dafür, dass die Studentinnen und Studenten ihren Beruf als Lehrperson letztlich als sinnvoll und sinnstiftend erleben – sowohl für sie als auch für ihre zukünftigen Schülerinnen und Schüler. So sollen diese irritierenden Momente eine eudämonistische Dimension annehmen, die zum Kern aspirativer Lernprozesse gehört.

Welche Irritationen im eigenen Unterrichtskontext gewinnbringend sind, wird natürlich sehr auf die Klasse, das Thema und die Lehrpersönlichkeit ankommen. Eine Orientierung bietet die oben vorgeschlagene Frage zur Generierung von entsprechendem »Irritationsmaterial« sowie das nächste Unterrichtselement.

4.2 Der Spannungsbogen

Die psychologische Anregung, die durch eine Irritation gewonnen wird, entweicht zügig, wenn sie nicht durch weitere unterrichtliche Strategien aufrechterhalten wird. Das zweite Element transformativen Unterrichts dient dazu, diese Anregung in eine anhaltende kognitiv-emotionale Spannung zu verwandeln. Dafür wird ein *Spannungsbogen* im Unterricht aufgebaut, der die Momente der Irritation am Anfang der Unterrichtsstunde mit ihren Endzielen und Endpunkten verbinden soll. Die Idee dabei ist, den Schülerinnen und Schülern ein Gefühl dafür zu geben, was sich aus der Stunde ergeben soll, ohne aber genau zu vermitteln, wohin sie geführt werden. Wichtig ist, dass die Lernenden dabei erkennen, dass die Ziele und Arbeitsphasen des Unterrichts nicht nur das gegebene Unterrichtsthema betreffen, sondern auch, dass sie etwas mit *ihnen*, den Lernenden selbst, zu tun haben. Das heißt, die Lehrkraft signalisiert, dass etwas mit ihnen *geschehen* sein wird, wenn man ans Ende der Sitzung gelangt ist.

Der Spannungsbogen soll zur Verwirklichung zweier Ziele eines transformativen Unterrichts beitragen: Erstens wird eine Atmosphäre spürbarer Neugier, Aufregung und Vorfreude geschaffen, damit die anfängliche psychologische Aktivierung der Irritationsphase weitergeführt werden kann. Zweitens soll dabei die Subjektivität der Schülerinnen und Schüler direkt in den thematischen Raum miteinbezogen werden, damit sie erkennen, dass der Sinn und Zweck der Stunde letztendlich in einer Bereicherung, Erweiterung und Vertiefung ihrer subjektiven Erfahrung mündet. Konkreter: Es soll nahegelegt werden, dass die weitere Beschäftigung mit dem Unterrichtsstoff zu einer signifikanten Veränderung der eigenen Perspektive beitragen kann. Somit adressiert der Spannungsbogen drei wichtigen Eigenschaften aspirativer Motivation: die »Distanz« aspirativer Lernziele, die Emotionalität aspirativer Verbindungen zum Lerngegenstand sowie die Orientierung an intrinsischem Wert bei transformativem Lernen. Auf diese Weise ermöglicht der Spannungsbogen wiederum einen wichtigen Impuls zur Entwicklung einer aspirativen Beziehung zum Unterrichtsstoff.

Um einen in diesem Sinne konstruierten Spannungsbogen zu gestalten, kann man sich bei der Unterrichtsplanung die folgende Frage stellen:

Welche Aspekte des Unterrichtsthemas betreffen die werdende Identität und subjektive Erfahrung meiner Schülerinnen und Schüler, so dass sich eine Vorfreude auf die Ergebnisse des Unterrichts entwickeln lässt?

Die sich so ergebenden Aspekte fungieren dann als eine Brücke von der Irritationsphase hin zu den weiteren Unterrichtsschritten.

Ein Beispiel für dieses unterrichtliche Element wurde bereits im letzten Abschnitt thematisiert. Wenn ich meinen Studentinnen und Studenten sage, dass sie »bestimmt am Ende der Sitzung Kantianer werden«, will ich damit vorausschauend andeuten, dass etwas mit ihnen im Laufe der Sitzung passieren wird – oder zumindest, dass dies meine Hoffnung ist. Diese Behauptung ist selbstverständlich nicht darauf ausgerichtet, den Studierenden ihre bevorstehende Bekehrung zu Kantianern anzukündigen. Intendiert ist dabei eher die Schaffung von Neugier und Anspannung, die bis zum Ende der Sitzung anhalten soll: Könnte es wirklich sein, dass ich in diesem furchtbar langweiligen, lebensfernen Text etwas finden werde, das für mich von Bedeutung sein könnte? Habe ich bei der Lektüre etwas so Wichtiges verpasst, dass ich im Rahmen der Sitzung sogar zu einer neuen Weltanschauung oder einem neuen philosophischen Bekenntnis kommen werde? Außerdem soll damit auch ein Versprechen an die Studentinnen und Studenten gegeben werden: Diese Sitzung befasst sich nicht nur mit der Auslegung eines als klassisch geltenden Texts. Sie versucht neue Facetten der pädagogischen Identität zu eröffnen, einer Identität, die sich *nur* durch die Auseinandersetzung mit diesem Text vollständig entwickeln lässt.

Dieses Beispiel stellt freilich keinen bahnbrechend neuen didaktischen Schachzug dar, und außerdem kommt auch kein robuster Spannungsbogen bloß durch solch kurze Aussagen am Anfang der Stunde zustande. Über solche Ankündigungen hinaus wird es notwendig sein, dass die Schülerinnen und Schüler während der Stunde immer wieder daran erinnert werden, dass die Lernaufgaben und Unterrichtsschritte, mit denen sie konfrontiert werden, einen tieferen Sinn haben, auch wenn er in dieser Phase noch nicht vollständig herausgearbeitet oder eingelöst werden kann. Der Spannungsbogen ist kein einmaliges Ereignis oder vereinzelter Kommentar im transformativen Klassenzimmer, er beschreibt eher die Atmosphäre, in welcher der Unterricht vollzogen wird. Der Spannungsbogen besteht aus denjenigen Aussagen, Gesten, Einrahmungen und Handlungsschritten, die die pädagogisch-existenziellen Endziele des Unterrichts fokussieren.

Ein solcher Ansatz wurde mit großem Geschick von einem Physiklehrer gestaltet, den ich selbst in der Schule hatte. Nennen wir ihn Herrn Kirmani. Herr Kirmani war in der ganzen Schule als jemand bekannt, dem seine Schülerinnen und Schüler Bewunderung und Respekt entgegenbrachten, der aber hin und wieder auch ein gewisses Maß an Furcht auslöste. Wie Frau Hektor aus Kapitel 2 verlangte Herr Kirmani das Beste von seinen Klassen und scheute sich nicht deutlich zu machen, wenn sie seine Erwartungen nicht ausreichend erfüllten. Wenn er Anzeichen von Faulheit bemerkte, murmelte er »Allah« und schüttelte mit melodramatischer Enttäuschung den Kopf. Wenn wir etwas Offensichtliches oder Grundlegendes vergaßen, tat er dasselbe und fügte manchmal ein »Dummkopf« hinzu – gerade laut genug, dass wir ihn hören konnten. Und wenn wir eine schlechte Arbeit abgaben, gab er sie unbenotet zurück, bis sie verbessert wurde. Durch eine Art pädagogischer Alchemie machte Herr Kirmani solche Momente, die unseren üblichen Vorstellungen von Fürsorge und Respekt eigentlich entgegenstehen, zu einem integralen Bestandteil seiner Zuwendung zu seinen Schülerinnen und Schülern. In diesen Momenten wussten wir, dass Herr Kirmani keine echte Empörung zum Ausdruck brachte, sondern eher seine Überzeugung, dass wir besser werden können, als wir waren.

Eine bestimmte Stunde aus Herrn Kirmanis Physikunterricht ist mir als ein besonders erfolgreicher Aufbau eines Spannungsbogens in Erinnerung geblieben. Das Thema war Newtons zweites Bewegungsgesetz, und Herr Kirmani war sichtlich beunruhigt, als er feststellte, dass niemand zu Beginn der Stunde wusste, was dieses zweite Gesetz war. »Keiner von euch weiß, was dieses Gesetz besagt? Wie ist das möglich? Es ist nur eine Idee, die aber alles erklärt, was sich in unserem Universum bewegt oder nicht bewegt,– und ihr kennt es nicht? … Allah!« Das brachte einige Lacher hervor, aber Herr Kirmani fuhr fort.

> Wir müssen herausfinden, was uns das zweite Gesetz sagt. Nicht nur, damit ihr nächstes Jahr bei eurer AP-Prüfung [vergleichbar mit dem Abitur] nicht kläglich scheitert – was ihr auch tun werdet, wenn ihr euch nicht verbessert. Das zweite Gesetz ist grundlegend für unser Verständnis, wie sich alles von Neutronensternen bis hin zu Fußbällen durch den Raum bewegt. Das Problem ist nur, dass ich euch nicht sagen werde, was es ist.

Das war ein überraschender Schritt, denn normalerweise wurde das Thema in den ersten Minuten der Stunde eingeführt, die Gleichungen wurden hergeleitet, es wurden einige Berechnungen durchgeführt, eine Demonstration dessen wurde gezeigt, und es wurden einige Fragen dazu beantwortet. Herr Kirmani begründete seine Entscheidung, uns im Dunkeln zu lassen, in etwa so:

> Glaubt ihr, Newton konnte sich auf das zweite Newton'sche Bewegungsgesetz stützen, als er damals die Welt beobachtete? Nein. Er musste die Natur beobachten, wie jeder gute Physiker. Er musste schwierige Fragen stellen – schwierig, weil sie mit Dingen zu tun haben, die wir zwar alle kennen, aber deren wesentliche Eigenschaften wir gleichzeitig zu ignorieren pflegen – wahrscheinlich, weil wir die ganze Zeit nur noch am SMS-Schreiben sind.

In dieser Phase begann Herr Kirmani nicht nur, eine Vorfreude auf das zentrale Ergebnis seiner Unterrichtsstunde aufzubauen, sondern er verknüpfte diese auch mit einem Lernziel von existenziellem Charakter. Bei der Beschäftigung mit dem zweiten Gesetz geht es um mehr als nur die AP-Prüfung. Es geht darum, Physiker zu *werden*, zumindest für die Dauer der Stunde. So war unser Selbstverständnis und -konzept direkt mit dem Ergebnis der Stunde verwoben.

Es war jedoch der nächste Schritt von Herrn Kirmani, der unsere Aufmerksamkeit besonders erregte. Herr Kirmani berichtete, dass das Einzige, was er tun könne, um uns aus unserer misslichen Lage zu befreien, sei, uns im

Aufzug »einzusperren«. Er führte die Klasse mit mehreren Waagen in der Hand zu dem sehr alten, selten benutzten, sehr ruckeligen und ziemlich stinkenden Aufzug in unserer Schule. Er erlaubte uns, unsere Notizbücher, eine Stoppuhr und einen Taschenrechner mitzubringen. Handys waren nicht erlaubt (die uns zu der damaligen Zeit sowieso keine sonderlich große Hilfe gewesen wären). Seine einzige Anweisung war: »Benutzt die Waage. Achtet darauf, was mit eurem Gewicht passiert, wenn der Aufzug anhält und wieder anläuft. Ihr habt 20 Minuten Zeit. Findet heraus, was das zweite Newton'sche Gesetz ist.« Und dann ging er weg. Wir waren mit der Aufgabe auf uns allein gestellt.

Obwohl es natürlich keiner von uns schaffte, auf die berühmte Gleichung $F = ma$, also »Kraft ist gleich Masse mal Beschleunigung«, zu kommen, erkannten wir alle mit Erstaunen, was mit unserem Gewicht im Aufzug geschah. Es sank, als der Aufzug nach unten fuhr, kehrte zum Normalwert zurück, als er eine konstante Geschwindigkeit erreichte, und stieg an, als er zum Stillstand kam. Wir wussten, dass dies irgendeine Bedeutung für die Sache hatte, hinter der wir her waren, aber wir konnten es uns nicht ganz zusammenreimen. Einige von uns kamen auf die Idee der Beschleunigung – dass unser Gewicht sank, wenn der Aufzug nach unten beschleunigte – aber wir konnten nicht erkennen, *warum*, da die Gravitationsbeschleunigung eine Konstante ist. Von Neugier gepackt, kehrten wir in den Klassenraum zurück: verwirrt, fasziniert und kichernd von unseren Späßen im Aufzug. Das war der Moment, in dem Herr Kirmani begann, die Zusammenhänge aufzudecken, die sich bereits in unseren Köpfen zu materialisieren begonnen hatten. Herr Kirmani sagte so etwas wie:

Seht ihr? Wie oft habt ihr in eurem Leben schon in einem Aufzug gestanden und euch Sorgen gemacht, ob ihr zu nah an den anderen Menschen im Aufzug steht, anstatt darüber nachzudenken, ob der Aufzug einige der grundlegendsten Geheimnisse der Welt enthüllen könnte? Jetzt habt ihr begonnen, diese Geheimnisse zu entschlüsseln. Wir haben unsere Daten gesammelt. Jetzt können wir anfangen zu theoretisieren.

Dann begann eine schnelle Frage-Antwort-Phase, in der Herr Kirmani alle Konzepte und Variablen ermittelte, die für die Ableitung des zweiten Gesetzes erforderlich sind. Nach etwa fünf Minuten stand $F = ma$ auf dem Whiteboard.

Diese Gleichung sollte für den Rest des Unterrichts eine wichtige Rolle spielen. Doch die eigentliche Erkenntnis aus der Stunde war, dass es sich lohnt, die Welt um uns herum näher zu beobachten. Der Ansatz von Herrn Kirmani scheint deswegen effektiv gewesen zu sein, weil er uns einerseits mit seinen Bemerkungen zu Beginn der Stunde auf einen Weg der Untersuchung brachte, dessen Ziel oder Endpunkt wir nur vage erkennen konnten. Andererseits war Herr Kirmani in der Lage, die Untersuchung zu einer *persönlichen* Fragestellung zu machen. Er verstand es, den Unterricht so zu gestalten, dass wir glaubten, in diesem klapprigen Aufzug tiefe Geheimnisse des Universums zu erforschen. Dazu gehörte auch, dass Herr Kirmani eine gewisse Dringlichkeit bei der Aktivität erzeugte. Wir hatten nicht die ganze Unterrichtsstunde für unser Experiment zur Verfügung, sondern nur 20 Minuten. Als wir unserer Antwort auf der Spur waren, beschleunigte er seine Fragen und Antworten. Und als es um die Formel selbst ging, erreichten wir eine Art »endgültige Katharsis« nach der angespannten Arbeit.

Die Kombination dieser verschiedenen Elemente schaffte eine dramatische Spannung in seinem Unterricht, die uns zu einer völlig neuen Art der Beziehung zur Physik und zur Welt anspornte. Er wollte, dass wir für diese kurze Zeit »Physiker werden«. Denn »Physiker sein« hieß für ihn, den Geheimnissen des Lebens anhand physikalischer Begriffe, Theorien und Analysemethoden zu begegnen. Er verstand »Physiker sein« als einen Modus der Welterschließung, der eben nicht nur für Angestellte und Forschende an Universitäten von Belang ist, sondern für alle.

4.3 Der Perspektivenwechsel

Wie anhand des Beispiels von Herrn Kirmani bestimmt deutlich geworden ist, decken die Begriffe der Irritation und des Spannungsbogens noch längst nicht alles ab, was einen transformativen Unterricht ausmacht. Das Herzstück des transformativen Lernens ist die neue Perspektive auf den Lerngegenstand, die im Laufe des Unterrichts zutage treten soll. Diese Perspektive gilt es im Unterricht nicht bloß zu »schildern« oder zu »erörtern« – etwa, damit ihre Vor- und Nachteile mit kritischer Distanz betrachtet werden könnten. Der transformative Unterricht gestaltet einen *Perspektivenwechsel* – eine Einladung an die Schülerinnen und Schüler, sich von einer neuen, bisher missverstandenen oder zuvor übersehenen Sichtweise auf den Lerngegenstand überzeugen zu lassen. Diese Verschiebung des Sehens und Denkens ist zwar noch nicht die Transformation selbst, welche im Rahmen transformativen Lernens erlebt wird. Sie ist aber eine wesentliche Grundlage für das Gelingen dieser Transformation.

Der Perspektivenwechsel ist für den transformativen Unterricht von zentraler Bedeutung, weil in der Irritationsphase eine bestehende Sichtweise oder Haltung seitens der Lernenden problematisiert wird. Der Perspektivenwechsel adressiert deshalb die Fragestellungen und Unsicherheiten, die dabei für die Lernenden aufgekommen sind, und führt alternative Denk- und Handlungsoptionen ein. Dieser Umlernprozess ist nicht nur ein willkommenes Extra, das besonders gelungene Unterrichtsstunden krönt; er ist mit einer gewissen Notwendigkeit verbunden. Denn sein Ausbleiben würde die Schülerinnen und Schüler nach der Irritation in eine ungewisse und potenziell verunsichernde Schwebe setzen, die destruktive, oder zumindest unproduktive Dimensionen annehmen könnte.[1]

1 Daraus folgt natürlich nicht, dass transformativer Unterricht bloße »Überzeugungsarbeit« ist. Man könnte z. B. bei einem sehr polarisierenden oder emotionalisierten Thema im Rahmen des Politikunterrichts zur Entscheidung kommen, dass eine offene Klassendiskussion das angemessenste Format bietet. Dabei wäre es nicht sinnvoll, die Schülerinnen und Schüler von einer bestimmten Position in der Debatte überzeugen zu wollen. Und doch auch hier darf der Anspruch des Perspektivenwechsels nicht aufgegeben werden, wenn der Unterricht eine transformative Qualität annehmen sollte. Sinn und Zweck solcher Diskussionen soll ja sein, politische Einstellungen und Haltungen zu fördern, die für die Ausbildung demokratischer Werte wesentlich sind. Die Gesprächskultur, die Lehrer kultivieren, die Art und Weise, wie sie Fragen und Nachfragen stellen, sowie ihre Strategien, Raum für alternative

Um das potenziell Perspektivenwechselnde im Unterrichtsthema herauszuarbeiten, hilft die folgende Frage:

An welche neue, bisher übersehene oder missverstandene Perspektive auf das Unterrichtsthema möchte ich meine Schülerinnen und Schüler heranführen?

Die Bestimmung, dass die gesuchte Perspektive »neu«, »bisher übersehen« oder »missverstanden« ist, knüpft nicht nur unmittelbar an den Inhalt der Irritation im ersten Unterrichtsschritt, sondern insbesondere an eine Quelle intrinsischen Wertes an, die nun durch den Perspektivenwechsel freigelegt wird. Damit diese Anknüpfung gelingen kann, muss der Perspektivenwechsel genauso »emotionalisiert« sein wie die Irritation selbst. Der Perspektivenwechsel verweist auf eine Verschiebung des Blicks, deren Wichtigkeit und Signifikanz sich auch *spüren* lassen muss. Sie geht im besten Fall aus der Entstehung eines nun doppelseitigen Wollens hervor: ein *Heraus*wollen aus dem durch die Irritation problematisierten gedanklichen Zustand und ein *Hinein*wollen in eine bessere, überzeugendere und vielversprechendere Sichtweise.

Die Perspektiven, an die junge Menschen im Rahmen eines transformativen Unterrichts herangeführt werden, können genauso divers sein wie die verschiedenen fachlichen Kontexte und Persönlichkeiten selbst, die in der

Sichtweisen oder marginalisierte Stimmen zu schaffen, können insgesamt dazu beitragen, dass man auch in dieser etwas »passiven« Rolle eine wichtige Perspektivenverschiebung ermöglichen kann. Für ein Beispiel eines solchen Umgangs mit politisch kontroversen Themen siehe Drerup (2021).

Schule vorzufinden sind. Dabei werden die Perspektiven am gewinnbringendsten sein, die sich am direktesten an die lebensweltlichen, zwischenmenschlichen, ethischen und ästhetischen fachlicher Inhalte anbinden lassen. Zum Beispiel beschreibt Kenneth Strike (2005) eine Unterrichtsstunde von seiner damaligen Mathematiklehrerin, Mrs. Smith, in der eine solche Anbindung einen wichtigen Perspektivenwechsel herbeiführte.

> Mrs. Smith war meine Mathematiklehrerin in der neunten Klasse. In Mrs. Smiths Klasse zu gehen bedeutete, den Tempel der Mathematik zu betreten. Gleichungen waren Objekte der Ehrfurcht. Es gab keine Versuche, Mathematik lustig oder ›relevant‹ zu machen. Es wurde nicht darüber gesprochen, wie man mit Mathematik einen guten Job bekommt. Mrs. Smith war vielmehr in der Lage, auf die Güter hinzuweisen, die Mathematik an sich wertvoll machten. Ich erinnere mich an eine Demonstration, in der sie ›bewies‹, dass 1 = 0 ist. Wir wurden aufgefordert, herauszufinden, was falschlief. Wir prüften den Beweis Zeile für Zeile. Alles schien in Ordnung zu sein. Wir wurden aufgefordert, eine bestimmte Zeile zu überprüfen. Keiner konnte sehen, was falsch war. Schließlich sagte sie uns: »Schaut, hier habt Ihr mit null multipliziert.« Dies geschah auf eine Art und Weise, die uns suggerieren sollte: Ist es nicht faszinierend, dass die Multiplikation mit null so schwer zu sehen ist, aber eine so starke Wirkung auf einen ansonsten starken Beweis hat? Durch Mrs. Smiths offensichtliche Begeisterung über dieses Paradoxon und ihr Beharren darauf, dass es gelöst und verstanden werden muss, erhielten wir einen

> kleinen Einblick in die Motivation von Mathematikern. Ich kann mich nicht erinnern, dass Mrs. Smith Begriffe wie Eleganz, Schlichtheit, Paradoxie oder Kraft verwendet hat, um Mathematik zu beschreiben, aber ich weiß, dass sie uns gezeigt hat, dass es diese Dinge waren, die sie an der Mathematik motivierten. (S. 234, eigene Übersetzung)

Für Strike geht es bei seinem »kleinen Einblick« in die Motivationen von Mathematikern nicht darum, etwa auf ethnografische Weise zu verstehen, warum einige sonderbare Menschen ihre Zeit mit Abstraktionen verbringen wollen. Dieser Perspektivenwechsel erlaubt ihm, den Wert der Mathematik von einer *Insider-Perspektive* zu erkennen. So begann er die »Eleganz« und »Kraft« der Mathematik zu begreifen und gleichzeitig Teil einer Gruppe von Menschen zu werden, die diese Qualitäten der Mathematik zu schätzen wissen. Mithilfe des Ansatzes von Mrs. Smith konnte Strike nun auch einen gewissen Grad an Staunen oder Ehrfurcht vor den Inhalten der Mathematik erleben, die von wesentlicher Bedeutung für den weiteren transformativen Lernprozess sind.

Es sollte nun auf der Hand liegen, warum Perspektivenwechsel dieser Art von besonderer Bedeutung für das transformative Klassenzimmer sind. Durch solche Erfahrungen bekommen junge Menschen einen Zugriff zu den Quellen intrinsischen Wertes, die sie zur Beschäftigung mit fachlichen Inhalten dauerhaft – ja, sogar lebenslang – anspornen können. Die Gestaltung solcher Perspektivenwechsel erfordert von der Lehrkraft oft keine ausgefeilten pädagogischen Taktiken und Strategien außer einer Bereitschaft, ihre eigenen Motivationen, Interessen und Umgangsweisen mit den fachlichen Inhalten offenzulegen und vorzuleben (sowie natürlich den unterstützenden Irritations- und Spannungsmomenten). Dabei ist wichtig, dass – wie bereits angedeutet – dieses Vorleben von den Schülerinnen und Schülern nicht bloß als »sonderbar« oder »eigen« erlebt wird. Sie sollen die Eigenheit und Sonderbarkeit der Lehrkraft ihrem Fach gegenüber gleichzeitig als *anziehend* betrachten können, als Ergebnis einer tiefen Auseinandersetzung mit den Themen und Inhalte des Fachs und dadurch als Eigenschaften, die sie sich auch gerne selbst aneignen würden.

4.4 Die Überantwortung

Wenn der Moment des Perspektivenwechsels letztendlich in transformatives Lernen münden soll, ist weitere pädagogische Unterstützung unbedingt vonnöten. Transformatives Lernen stellt ein persönliches Anliegen dar. Von einem transformativen Impuls bewegt, erscheint der Lerngegenstand als so faszinierend und vielversprechend, dass seine Implikationen und Möglichkeiten auch außerhalb der Schule weiterverfolgt werden. Während die ersten drei Elemente des transformativen Unterrichts hauptsächlich zur Gestaltung einer besonders geformten Erfahrung während der Unterrichtsstunde – dem Perspektivenwechsel – dienen, ist noch nicht der Übergang vom »Unterricht« zum (außerschulischen) »Leben« als spezifisches Gestaltungsobjekt des Unterrichts in den Blick genommen worden. Wie schaffen es Lehrkräfte, dass ihr Unterricht einen Einfluss auf die alltägliche Erfahrung, auf die Bildung von Identität, Selbstbewusstsein und Weltbild der Schülerinnen und Schüler ausübt?

Obwohl die Schaffung eines Übergangs vom Unterricht zum Leben womöglich die schwierigste Herausforderung des pädagogischen Berufs darstellt, gibt es konkrete Strategien, wie man gezielt und systematisch eine Brücke zwischen diesen beiden Erfahrungsräumen schlagen kann. Als erster Schritt kann die folgende Frage fungieren:

> *Welche Aspekte des Unterrichtsthemas lassen sich von den Schülerinnen und Schülern außerhalb der Schule weiterbearbeiten und verfolgen?*

Die Idee ist, dass die (potenziell) lebensverändernden Möglichkeiten des Unterrichtsstoffs im Unterricht konkret angesprochen und erarbeitet werden. Man signalisiert, wie die Freizeit, der Umgang mit Peers, das Familienleben oder die Vorstellung der eigenen Zukunft durch die Auseinandersetzung mit dem Unterrichtsstoff anders gedacht und gelebt werden könnten. Gleichzeitig – und dies ist für den Erfolg dieser Unterrichtsphase wesentlich – muss man den Schülerinnen und Schülern dabei vermitteln, dass die Verantwortung für die weiteren Lernschritte bei ihnen selbst liegt. *Sie* haben letztlich den Auftrag – und nicht die Lehrkraft –, ihre Beschäftigung mit den Inhalten und Perspektiven des Fachs weiter zu gestalten. Eine solche Überantwortung des Lernens von der Lehrperson zu den Schülerinnen und Schülern soll in erster Linie zu jener Selbstbestimmung und Selbstermächtigung in der eigenen Bildungslaufbahn ermutigen, die zum Kern transformativen Lernens gehört.

Momente und Gesten der Überantwortung lassen sich gut in jeder Phase des Unterrichts einbringen. Wenn man Unterrichtsinhalte mit besonders lebensnahen Beispielen veranschaulicht, prägnante Anwendungen des Unterrichtsstoffs innerhalb realer Handlungskontexte erörtert oder auch direkte Verbindungen zu den Interessen und Beschäftigungen der Schülerinnen und Schüler außerhalb der Schule herstellt, nimmt der pädagogische Ansatz eine überantwortende Dimension an. Auch Irritationen durch das pädagogische Auftreten und durch die pädagogische Transparenz können eine überantwortende Funktion erfüllen, sofern Lehrkräfte dabei ihren Schülerinnen und Schülern zeigen, wie sie sich selbst zum Unterrichtsfach verhalten. Ähnlich wie der Spannungsbogen können Momente der Überantwortung somit den Ton und den Lauf des ganzen Unterrichts beeinflussen.

Gleichzeitig können sie aber auch mit besonderer Effektivität als Unterrichtsphase gestaltet werden, die *nach* dem Perspektivenwechsel stattfindet. So gilt es im letzten Abschnitt des Unterrichts das hervorzuheben, was in den Unterrichtsinhalten für das außerschulische Leben von Bedeutung ist. Dies unterstützt nicht nur die selbstverstärkende Tendenz aspirativer Motivation – also seine Tendenz zur Erweiterung und Bereicherung vieler Erfahrungs- und Lebensbereiche –, sondern auch das Zustandekommen des dialogischen Aspekts aspirativen Strebens, welcher Lernenden eine stetige Revision und Anpassung ihrer Lernziele erlaubt.

Dafür, wie sich solche Gesten der Überantwortung in der Praxis gestalten lassen, gibt es wiederum vielfältige Möglichkeiten. Ein besonders anschauliches Beispiel findet sich im Film *Club der toten Dichter* beim Englischunterricht des Hauptcharakters, Mr. Keating. Obwohl dies natürlich ein fiktives Beispiel ist, lassen sich die Charakteristika der Überantwortung daran deutlich erkennen. (Es ist vielleicht erwähnenswert, dass Mr. Keatings Charakter auf dem eines Lehrers basiert, den der Drehbuchautor Tom Schulman selbst in der Schule hatte.) Mr. Keating überrascht seine Klasse gleich am ersten Unterrichtstag mit einem ungewöhnlichen Ausflug. Anstatt aus der ersten Unterrichtsstunde den gängigen Orga-Tag zu machen, läuft Mr. Keating pfeifend durch das Klassenzimmer und lockt seine Schüler in den Schulflur des Jungeninternats. Sie begeben sich zum Trophäenschrank der Schule, wo Mr. Keating seine Schüler, dicht aneinandergedrängt, gegenüber einem alten Bild einer längst verstorbenen Schulklasse positioniert. Keating behauptet, dass sie, wenn sie genau hinhören, »ihr Vermächtnis flüstern hören« können. Als alle still geworden sind, beginnt Keating leise zu flüstern: »*Carpe diem*, Jungs, nutzt den Tag; macht euer Leben außergewöhnlich.«

Irritiert schauen sich die Schüler an: Was will Mr. Keating mit dieser skurrilen Posse in der allerersten Unterrichtsstunde? Was hat englische Literatur mit solchen existenziellen Imperativen wie *carpe diem* zu tun? Was wird in der nächsten Stunde passieren, wenn die erste schon so komisch war? Keatings Schüler sowie die Zuschauer des Films erfahren erst später, worauf die Methoden von Mr. Keating hindeuten sollen. In der nächsten Stunde lässt er einen seiner Schüler die Einleitung zu ihrem Lehrbuch vorlesen, in welchem der Autor, Dr. J. Evans Pritchard, eine vereinfachte und standardisierte Methode zur »Bewertung«

von Gedichten vorschlägt. Um die »Größe« eines Gedichts zu bestimmen, trage man einfach die Wichtigkeit des Gedichts auf der vertikalen Achse und die Perfektion des Gedichts auf der horizontalen Achse auf und bestimme dann die Fläche, die die beiden Segmente umfassen. Dieser pedantische und philiströse Ansatz, sich mit Poesie zu beschäftigen, ist Mr. Keating ein Gräuel. Zu der großen Überraschung seiner Schüler bezeichnet Mr. Keating diesen Ansatz als »Exkrement« und fordert sie auf, die gesamte Einleitung aus dem Lehrbuch herauszureißen. Nachdem sie dies getan haben, beginnt Keating zu enthüllen, was er selbst von der wahren Bedeutung der Poesie hält. Erneut lässt er seine Schüler sich versammeln, diesmal in der Mitte des Klassenzimmers, und erklärt:

> Wir lesen und schreiben Gedichte nicht, weil sie nett sind. Wir lesen und schreiben Gedichte, weil wir Menschen sind. Und das Menschengeschlecht ist voller Leidenschaft. Medizin, Recht, Wirtschaft und Technik sind edle Berufe, die lebenswichtig sind. Aber Poesie, Schönheit, Romantik, Liebe – das ist es, weswegen wir am Leben bleiben [...]. Das mächtige Spiel geht weiter und du kannst einen Vers dazu beitragen [...]. Wie wird dein Vers aussehen?

Dieser kurze Monolog lässt sich als ein exemplarisches Beispiel für eine Überantwortung mit transformativem Charakter verstehen. Denn Herr Keating möchte, dass seine Schüler eine andere Art von Beziehung zur Dichtkunst entwickeln als jene, die normalerweise im Literaturunterricht gefördert wird. Bei einer genuinen Beschäftigung mit der

Poesie geht es nicht nur darum, sich mit poetischen Ausdrucksformen oder der Geschichte der Poesie vertraut zu machen, damit man ein respektables Maß an »Bildung« erreichen kann. Es geht auch nicht nur um poetische Kritik. Ähnlich wie bei Herrn Kirmani hofft Mr. Keating darauf, dass die Schüler selbst beginnen, die Welt mit den Augen eines Dichters zu betrachten. Er will, dass sie sich anstrengen, ihren Leidenschaften und Bestrebungen, Ängsten und Sorgen eine Stimme zu geben. Jeder Schüler hat einen »Vers«, so Mr. Keating, den er in die Welt einbringen kann, und er will seine Schüler dazu ermutigen, diesen Vers zur Sprache zu bringen.

Diese Überantwortung hat offenbar eine bedeutende Wirkung auf die Schüler, da einige von ihnen später die heimlich nachts tagende literarische Gesellschaft wiederbeleben, die Mr. Keating damals selbst mit seinen Klassenkameraden gegründet hat. Diese Wirkung unterstützt er aber gezielt mit einer bestimmten Aufgabe: die Schüler müssen selbst ein Gedicht schreiben und dieses vor der Klasse vortragen. Mr. Keatings Intention dahinter scheint zu sein, dass seine Schüler nicht (länger) vor ihrem poetischen Auftrag zögern dürfen: Sie müssen *jetzt* die ersten Schritte wagen, die Verantwortung für ihren Selbstausdruck zu übernehmen. Doch gleichzeitig ist Keating der Meinung, dass ein tatsächlich bildender, transformativer Akt des Selbstausdrucks am besten dadurch gelingt, dass man die Werkzeuge und Kunstformen der Dichtung ein- und ausübt. Solche Aufgaben sind natürlich keine bahnbrechenden pädagogischen Innovationen, aber sie nehmen eine ganz andere Bedeutung an, wenn sie im Rahmen einer Überantwortung durchgeführt werden. Im besten Fall werden sie nämlich zu Erfahrungen, die eine Brücke zwischen Unterricht und Leben schlagen.

Dieses Beispiel veranschaulicht eine wenn auch etwas dramatisierte Methode, wie sich eine Überantwortung im Unterricht gestalten lässt. Jedoch müssen Momente der Überantwortung nicht ein solch dramatisches Ausmaß annehmen, um einen überzeugenden Bezug zur Lebenspraxis der Schülerinnen und Schüler zu schaffen. Es folgt ein Beispiel von einem unscheinbaren, aber doch sehr wirksamen Moment der Überantwortung, den eine Befragte erlebte:

> Ich musste Matheaufgaben in der Mensa machen. Der Schulleiter, der war auch – wir standen so ein bisschen auf Kriegsfuß … und er kam rein. Und ich habe echt so geflucht: »Scheiß Mathe! Warum muss ich das lernen?« und so. Und er kam ganz ruhig, ganz cool – das fand ich echt toll – und hat gesagt, »Was ist das für eine Aufgabe?« Dann habe ich ihm irgendwas gezeigt und meinte, »ich weiß noch nicht mal, wofür ich das jetzt machen soll!« Und er hat dann zu mir gesagt: »Ja, hat euch niemand gesagt, dass man das braucht, um Brücken zu konstruieren? Jede Brücke, über die du fährst, ist mit dieser Formel konstruiert worden.« Das hatte mir noch niemand gesagt. (Magdalena)

Die ruhige und aufrichtige Art, mit welcher der Schulleiter den Beschwerden seiner Schülerin begegnete, ebenso wie die einleuchtende Anwendung des Unterrichtsstoffs in der realen Welt, war für die Befragte überzeugend. Diese Erfahrung wurde zu einem wichtigen Moment in ihrer Bildungskarriere, so berichtete sie. Von da an konnte sie sich neuen Möglichkeiten und Denkhorizonten in der Mathematik öffnen.

Obwohl sich bei diesem Beispiel eine unleugbar wichtige und sogar wortwörtliche »Brücke« zwischen Unterricht und Leben herausbilden konnte, fehlt dabei noch die zweite Dimension von besonders effektiven Gesten der Überantwortung. Denn es geht bei der Überantwortung eben nicht nur um relevante »Anwendungen« der Unterrichtsthemen, sondern auch um die Vermittlung von *Verantwortung* für die nächsten Lernschritte. Diese zweite Dimension ist in der Praxis zwar etwas schwieriger zu gestalten, jedoch wird sie durch einfache Strategien begünstigt. Neben ähnlich konzipierten Aufgaben wie der von Mr. Keating gibt es beispielsweise etwas, das von Studierenden immer wieder angesprochen wird. Sie berichten nämlich davon, wie oft die prägendsten Lehrerinnen und Lehrer die »vier Wände des Klassenzimmers sprengen«. Sie planen regelmäßig Ausflüge, sie machen Unterricht draußen, sie organisieren Clubs, sie treffen sich im Restaurant, sie essen zusammen in der Mensa, oder sie machen gemeinsam Spaziergänge, in denen sie Feedback einholen. Diese Sonderelemente sind nicht nur an sich oft bereichernd, sie haben auch eine wichtige symbolische Kraft. Sie sagen aus, dass es im Unterricht eben nicht nur um »Schule« geht, sondern darum, wie das Leben gestaltet wird und sich durch die Auseinandersetzung mit dem Fach anders gestalten lässt.

Mit diesen vier Elementen – Irritation, Spannungsbogen, Perspektivenwechsel, Überantwortung – bildet sich ein Orientierungsrahmen zur Planung transformativen Unter-

	Themenorientierte Elemente	*Schülerorientierte Elemente*
	1. Die Irritation	**2. Der Spannungsbogen**
Ist-Zustand	*Zielsetzung:* konstruktive Destabilisierung bisheriger Denkweisen, Perspektiven, Annahmen und Erwartungen und gleichzeitige Andeutung von Wert	*Zielsetzung:* Schaffung von Neugier, Aufregung und Vorfreude auf die Ziele des Unterrichts sowie gleichzeitige Adressierung der Subjektivität der Schülerinnen und Schüler
	Leitfrage zur Unterrichtsplanung: Welche Erwartung, Annahme, Prämisse oder Binsenweisheit kann ich hier als fragwürdig erscheinen lassen, um eine neue Perspektive auf den Wert des Unterrichtsstoffs zu eröffnen?	*Leitfrage zur Unterrichtsplanung:* Welche Aspekte des Unterrichtsthemas betreffen die werdende Identität und subjektive Erfahrung meiner Schülerinnen und Schüler, so dass ich eine Vorfreude auf die Ergebnisse des Unterrichts entwickeln kann?
	Unterrichtliche Mittel: pädagogische Präsenz, persönliche Beiträge (Anekdoten, ehrliche Meinungsäußerungen), Gesten der Zuneigung und Zuwendung	*Unterrichtliche Mittel:* »Cliffhanger« als Einstieg, Aufgaben und Aktivitäten mit offenem Ausgang, Anders-Werden explizit thematisieren

richts, welcher innerhalb einer Unterrichtsstunde oder auch einer Reihe von Unterrichtsstunden realisiert werden kann. Zur Übersicht über die verschiedenen Zielsetzungen und Kernaspekte dieser Unterrichtselemente dient obige Tabelle.

Dabei lassen sich die vier wesentlichen Elemente dieses Modells durch zwei verschiedene Begriffspaare kategori-

Soll-Zustand	*Themenorientierte Elemente*	*Schülerorientierte Elemente*
	3. Der Perspektivenwechsel	**4. Die Überantwortung**
	Zielsetzung: gezielte Heranführung der Schülerinnen und Schüler an eine neu- oder fremdartige Sichtweise auf den Lerngegenstand, damit sie dadurch dessen intrinsischen Wert begreifen können	*Zielsetzung:* unterstützende und vorausschauende Übergabe des Lernprozesses an den Lernenden, die die Annahme der Verantwortung für ihre weiteren Lernschritte fördert
	Leitfrage zur Unterrichtsplanung: An welche neue, bisher übersehene oder missverstandene Perspektive auf das Unterrichtsthema möchte ich meine Schülerinnen und Schüler heranführen?	*Leitfrage zur Unterrichtsplanung:* Welche Aspekte des Unterrichtsthemas lassen sich von den Schülerinnen und Schülern außerhalb der Schule weiterbearbeiten und -verfolgen?
	Unterrichtliche Mittel: Vorleben fachlicher Wertungs-, Denk- und Handlungsweisen, Ausdrücke der Leidenschaft und Faszination für fachliche Inhalte	*Unterrichtliche Mittel:* schülergesteuerte Projekte und Initiativen, Ausflüge, Treffen außerhalb der Schule, bedeutsame Anwendungen der Inhalte

Tabelle: Orientierungsrahmen für transformativen Unterricht

sieren: erstens durch die Gegenüberstellung von Ist- und Soll-Zustand, zweitens durch die Gegenüberstellung von themen- und schülerorientierten Unterrichtselementen. Durch diese begriffliche Unterteilung soll deutlich werden, dass transformativer Unterricht auf einer Balance zwischen der Adressierung der jetzigen und der noch möglichen Interessen der Schülerinnen und Schüler beruht sowie zwischen einer Schwerpunktsetzung auf den Anforderungen der fachlichen Inhalte und denen der Schülerinnen und Schülern. Ein solches Gleichgewicht zu finden ist natürlich nicht leicht, wird aber durch die Einbringung aller vier Unterrichtselemente maßgeblich begünstigt.

Mit diesem Orientierungsrahmen ist noch nicht alles zu den Anforderungen und Möglichkeiten des transformativen Lernens im heutigen Bildungswesen gesagt. Im folgenden Kapitel wird unsere Perspektive etwas ausgeweitet, um das Anwendungspotenzial dieses Orientierungsrahmens sowie die damit zusammenhängenden Problematiken im üblichen Schulalltag unter die Lupe zu nehmen.

5 Transformativer Unterricht im Kontext. Hürden und Hindernisse des transformativen Lernens

Der Orientierungsrahmen für transformativen Unterricht, der im vorangegangenen Kapitel dargelegt wurde, hebt vier Unterrichtsmethoden hervor, die sich als besonders effektiv zur Anregung und Förderung transformativen Lernens erweisen. Transformativer Unterricht inszeniert *Irritationen*, welche bisherige Denkweisen, Perspektiven, Annahmen und Erwartungen konstruktiv destabilisieren. Er baut einen *Spannungsbogen* auf, in dem die Lernenden das Versprechen und die Überzeugungskraft von alternativen Denk- und Handlungsmöglichkeiten zu spüren beginnen. Er gestaltet einen *Perspektivenwechsel*, durch den der intrinsische Wert dieser Alternativen begriffen wird. Und er ermöglicht eine *Überantwortung* des Lernprozesses an den Lernenden selbst, so dass der Unterricht einen unmittelbaren Einfluss auf ihre Lebens- und Erfahrungswelt nehmen kann.

Obwohl transformativer Unterricht somit auf wirkungsmächtige, psychologisch fundierte Methoden zur Förderung von genuinem Engagement und Interesse bei jungen Menschen zurückgreift, wird dessen Erfolg nicht nur durch das Ausführen dieser Methoden garantiert. Transformatives Lernen soll – so der Anspruch – bei Schülerinnen und Schülern in Gang gesetzt werden, die oft alles andere als »lernbereit«, geschweige denn »transformationsbereit« zu sein scheinen. Es soll außerdem innerhalb von Bildungseinrichtungen stattfinden, die nicht gerade optimal auf die

Gestaltung solcher tiefgehenden Lern- und Bildungsprozesse vorbereitet sind. Wie soll das gehen? Welche Hürden stehen der unterrichtlichen Gestaltung transformativen Lernens im Wege? Lassen sich diese Hürden und Hindernisse überwinden? Welche psychologischen und interpersonalen Bedingungen müssen im Klassenzimmer geschaffen werden, damit dies gelingt?

Diese Fragen bilden das Kernthema des vorliegenden Kapitels. Dabei wird nicht nur auf die charakteristischen Herausforderungen des transformativen Unterrichts im heutigen Schulsystem eingegangen, sondern es werden auch einige Orientierungshilfen angeboten, wie sich Lehrkräfte diesen Herausforderungen erfolgreich stellen können.

5.1 Apathie, Langeweile und die Psychologie des Lernenden

Bevor die ersten Hürden und Hindernisse des transformativen Lernens behandelt werden können, ist es hilfreich, eine wichtige Bedingung für das Gelingen transformativen Lernens hervorzuheben, die in den vorangegangenen Kapiteln bisher noch implizit geblieben ist. Transformatives Lernen erfordert eine besondere Art der weltbezogenen Offenheit und wertbezogenen Empfänglichkeit seitens der Lernenden, damit eine motivierte Beziehung zum intrinsischen Wert des Lerngegenstands entwickelt werden kann. Um vom transformativen Potenzial fachlicher Inhalte bewegt zu werden – d. h., um fachliche Inhalte als Gegenstände der *Aspiration* zu sehen –, müssen junge Menschen gegenüber dem (potenziellen) Wert von ihnen noch fremden Themen, Sichtweisen, Praktiken und Lebensformen aufnahmefähig und aufnahmebereit sein. Sie müssen erkennen können, dass eine Beschäftigung mit diesen Inhalten lohnend sein könnte, auch wenn sie sich noch nicht dazu berufen fühlen. Sie müssen »irritationsfähig« sein – d. h., sie müssen wahrnehmen können, wenn sich ihre Perspektive als noch unvollständig, unvollkommen und »verbesserungsreif« erwiesen hat, und sich nicht davon in Verdruss bringen lassen, wenn sie an die Grenzen ihrer Erfahrung kommen. Das heißt, die Schülerinnen und Schüler müssen bereit sein, solche Konfrontationen als Anregung und Ansporn zu betrachten, die zur Arbeit an der Reichweite und Nuance ihrer eigenen Perspektive motivieren.

Diese responsive Haltung beschreibt eine psychologische Bedingung, die für die Ermöglichung transformativen Lernens wesentlich ist. Jedoch gibt es genug Anlass anzunehmen, dass sich die Responsivität der Schülerinnen und Schüler gegenüber neu- und fremdartigen Werten in einem beeinträchtigten Zustand befindet – vor allem in den höheren Jahrgangsstufen. Diese Vermutung wird von einer Vielzahl von Publikationen zu Langeweile und Disengagement in der Schule unterstützt. Eine Studie von Goetz et al. (2007) zeigt etwa, dass eine beliebig ausgewählte Gruppe von Gymnasiasten der 9. Klasse regelmäßig Kurse besuchte, in denen sie sich fast die Hälfte der Zeit langweilte. 2014 zeigte eine Eltern-Befragung vom Forschungsinstitut Forsa, dass Langeweile bei jedem fünften Schulkind in den norddeutschen Bundesländern als eine Belastung empfunden wurde (Ahlers, 2014). Die PISA-Studie zum Schüler-

Engagement von 2012 stellte fest, dass rund 12 % der deutschen Schülerinnen und Schüler mindestens einmal in den zwei Wochen vor dem PISA-Test die Schule schwänzten (OECD, 2012). Dieser Prozentsatz war laut einer 2007 durchgeführten Studie in Förder- und Hauptschulen sogar noch fast zweimal höher (Statista, 2009). In einer abschließenden Beobachtung zur PISA-Studie bemerkte die OECD, dass das Desinteresse und Disengagement von jungen Menschen in der Schule als zentrales Problem für Bildungssysteme weltweit bestehen bleibt: Obwohl »93 % der Schülerinnen und Schüler glauben, dass es wichtig ist, sich in der Schule anzustrengen, und nur 12 % glauben, dass die Schule Zeitverschwendung war [...] sind viele Schülerinnen und Schüler in ihren schulischen Lernerfahrungen nicht investiert;[1] sie geben an, dass sie mit der Schule unzufrieden sind, dass sie sich weder in der Lage fühlen, sich Wissen anzueignen, noch hohe Leistungen zu erbringen« (OECD, 2012, S. 32, eigene Übersetzung).

Abgesehen von diesen empirischen Befunden ist es nicht schwer, sich einige, wenn nicht viele Erfahrungen aus der eigenen Schulzeit ins Gedächtnis zu rufen, in denen man selbst von Langeweile oder Apathie überwältigt worden ist. Studierende berichten mit erstaunlicher Häufigkeit von der Eintönigkeit ihrer Lernerfahrungen, die ihr schulisches Leben charakterisierte, bevor sie ihre prägendsten Lehrerinnen und Lehrer kennenlernten. Elisa, von der im 2. Kapitel berichtet wurde, beschreibt zum Beispiel den

1 Der englische Begriff ist »engagement«, welcher mit dem deutschen »Engagement« nicht gänzlich austauschbar ist. Die Textstelle habe ich selbst übersetzt.

Charakter der Religionskurse, die sie vor der Begegnung mit Frau Hektor besuchte, in folgender Weise:

> Elisa: Aber die Lehrerinnen und Lehrer, die ich vorher hatte, haben das nicht ansprechend gemacht, den Religionsunterricht. Es war alles nur ganz theoretisch und nichtssagend – gar nicht greifbar.
> Ich: Kannst du den typischen oder gängigen Unterricht im Fach Religion ein bisschen weiter beschreiben?
> Elisa: Man liest einen Text. Bespricht das, was im Text ist, aber bespricht nicht die eigenen Sichtweisen. Also, vorher bin ich dann eigentlich dahin gegangen, weil es Teil von meinem Stundenplan war. Dann hat sich das geändert, ich bin für mich unfassbar gern dahin gegangen.

Doch wenn dieses Gefühl des »Nicht-angesprochen-Seins« im Unterricht über einen längeren Zeitraum währt, kann eine zunehmende Unempfänglichkeit gegenüber dem Wert des Fachs nur schwer vermieden werden. Elisa berichtet zum Beispiel, dass sie am Anfang ihrer Schulzeit die Einstellung hatte, Religion sei ein »Fach [...], wo man eigentlich ›was mitnehmen kann‹«, diese aber nach Jahren »einfach nur lehrplangetreuen Unterrichts« beinahe aufgegeben hat. Eine solche Resignation ist eine besorgniserregende Emotion in der Lernumgebung, denn sie führt früher oder später zu einer gefestigten, nahezu unerschütterlichen Haltung von Desinteresse und Abstumpfung.

Diese Resignation gegenüber schulischen Anliegen und Inhalten kann in der Psychologie des Lernenden verschiedene Erscheinungsformen annehmen. Sie kann natürlich in Teilnahmslosigkeit und Passivität münden, die dem gängigen Bild des gelangweilten Schülers bzw. der gelangweilten Schülerin entspricht. Sie kann aber auch ganz anders in Erscheinung treten: Wenn junge Menschen der Meinung hegen, dass ihre Bedürfnisse jahrelang vernachlässigt oder ignoriert wurden, kann ein ausgeprägtes Misstrauen gegenüber Lehrerinnen und Lehrern und der Schule an sich entstehen. In diesen Fällen verpassen sie nicht nur die Chance, ihren Erfahrungshorizont durch die besonderen Perspektiven und Inspirationsquellen der Fächer bereichern zu lassen, sondern sie entwickeln sogar eine Beziehung zum Lernen an sich, die destruktive Tendenzen aufweist – sowohl für die Integrität der Lernumgebung als auch für die Schülerinnen und Schüler selbst.[2]

Manche junge Menschen reagieren auf die scheinbare »Wertlosigkeit« des Unterrichts auf eine ganz andere Weise. Es kann sich nämlich eine Haltung der *Ambition* entwickeln, die – ganz wie die Apathie – auf eine hartnäckige Verschlossenheit gegenüber dem intrinsischen Wert fachlicher Inhalte hinausläuft. Obwohl Ehrgeiz und Ambition als erstrebenswerte Charaktereigenschaften erscheinen mögen, haben sie nicht das gleiche transformative Potenzi-

2 Schulische Langeweile hängt, wie empirisch dargelegt wurde, mit Fehlverhalten der Lernenden (Wasson, 1981), schlechten schulischen Leistungen (Daniels et al., 2015; Pekrun et al., 2010) und sogar Schulabbruch (Bridgeland, 2010; Wegner et al., 2008) zusammen, während Langeweile außerhalb der Schule mit zahlreichen psychischen Problemen und zwanghaftem Verhalten in Verbindung gebracht wurde, darunter Stress und Angstzustände (Lee & Zelman, 2019), süchtige Internetnutzung (Biolcati et al., 2018), Glücksspiel (Mercer & Eastwood, 2010) und Depression (LePera, 2011). Zu den weiteren Implikationen der Langeweile für (transformativen) Unterricht siehe Yacek & Gary (2022).

al wie Aspiration. Ambitionierte Schülerinnen und Schüler halten es nicht für nötig, sich dem Wert der Lerngegenstände »anzunähern« oder diesen Wert »kennenzulernen«, wie es bei aspirativen Lernprozessen der Fall ist. Denn ihnen ist der Charakter dieses Werts schon klar: Der Sinn und Zweck fachlicher Bildung sei die Ansammlung von guten Noten, die erfolgreiche Fortsetzung ihrer Bildungskarriere, die Vorbereitung auf den Beruf und letztlich die Sicherung eines guten Gehalts. Noten, Zeugnisse, Abschlüsse und Urkunden sind demnach die wahrhaftigen Wertträger der Bildung, und die Bemühungen kreisen dementsprechend hauptsächlich darum, wie sie möglichst reibungslos und Kosten-Nutzen-orientiert zu erlangen sind. Auch wenn ambitionierte Schülerinnen und Schüler nach außen hin engagiert erscheinen, liegt hinter all ihrem Ehrgeiz eine Leere, die sich kaum von der Apathie unterscheidet. Sie reagieren nicht auf die Gegenwart von genuinem Wert, sie bleiben ihm gegenüber unempfänglich und unresponsiv.

Es gibt natürlich jede Menge Fachliteratur zur Bekämpfung von Apathie, Langeweile und ihren verschiedenen Erscheinungsformen im Klassenzimmer. Dort wird aber das volle Ausmaß der Problematik selten erkannt. Prominente Langeweileforscher behaupten etwa, dass Langeweile und Disengagement bei Lernenden aus einer nicht ausreichenden Übereinstimmung zwischen den Ansprüchen des Unterrichts und den individuellen Kompetenzen der Schülerinnen und Schüler hervorgehen. Um Langeweile produktiv entgegenzuwirken, gilt es also, »die Kompetenzen der Lernenden zu fördern, Aufgaben zu modifizieren und Lernansätze selbst [zu] regulieren, damit sie in der Lage sind, das Gleichgewicht zwischen Anforderungen und individuellen Fähigkeiten [...] wiederherzustellen« (Pekrun et al., 2010, S. 546; eigene Übersetzung). Aus dieser Perspektive erscheinen Langeweile und Apathie als bloße Probleme einer unzureichenden Selbstregulierung seitens der Schülerinnen und Schüler sowie der mangelnden Passung von Aufgaben und Leistungsfähigkeit seitens der Lehrkraft.

Die Perspektive transformativen Lernens stellt die Problematik in ein etwas anderes Licht. Langeweile, Apathie, Resignation, Ambition ebenso wie fehlendes Vertrauen zu Lehrpersonen deuten oft darauf hin, dass die Schülerinnen und Schüler Sinn und Wert der ihnen gestellten Aufgaben nicht erkennen können. Oft wird es der Fall sein, dass sie diese Aufgaben nicht einmal als eine *potenzielle* Quelle von Wert sehen. In diesem Fall werden flexible Modifikationen der Aufgabenstellung oder eine verbesserte Selbstregulierung kaum helfen können. Denn das Problem liegt viel tiefer: Es zeigt sich als eine *Demoralisierung* der Lernenden – ein Verlust oder ein Fehlen von Wertgebundenheit, die dem Phänomen des Burnouts nicht unähnlich ist. Allein ein Ansatz, der gezielt auf die Freilegung, Darstellung und Vermittlung des im Fach innewohnenden Werts abzielt, kann somit einen Ausweg aus der Problematik bieten.

Man könnte dieses nahezu allgegenwärtige Problem noch weiter ausführen. Jedoch gehe ich davon aus, dass die Problematik bereits bekannt ist. Es ist wichtiger, an dieser Stelle zu zeigen, was man als Lehrkraft systematisch dagegen unternehmen kann.

Vieles ist bereits gewonnen, wenn man explizit, offen und ohne eine strafende Haltung über Apathie, Langeweile, Misstrauen oder Ambition mit den Schülerinnen und

Schülern spricht. Obwohl diese Emotionen zweifelsohne Hürden im Wege des transformativen Lernens darstellen, bedeutet ihre Gegenwart keineswegs, dass sie nicht in eine andersartige, transformative Beziehung zum Unterrichtsstoff verwandelt werden können. Ein offenes Gespräch über die Themen oder Texte, die Schülerinnen und Schüler besonders lebensfern oder langweilig finden, über ihr Bangen um Noten und Leistung oder über verpasste Chancen, sie durch den Unterricht zu erreichen, kann bereits den ersten Schritt in Richtung transformativem Lernen einleiten. Denn die Lehrkraft kann dadurch nicht nur wichtiges Feedback zur Wirkungskraft ihres Unterrichts bekommen, sie gewinnt außerdem noch die Gelegenheit, die Schülerinnen und Schüler an *ihre* Perspektive auf Wert und Sinn der Unterrichtsinhalte heranzuführen.

Alternativ könnte man in diesem Rahmen gewinnbringend über die eigenen negativen Lernemotionen sprechen, insbesondere wenn sie die Unterrichtsthemen selbst betreffen. Meine Studentinnen und Studenten berichten häufig, dass diese persönliche Dimension einen beeindruckenden Effekt haben kann. In einem Beispiel ging es um die Langeweile, die der Lehrer selbst gegenüber einem Buch empfand, das laut Lehrplan zu behandeln war:

> Am Anfang hatten wir ein Buch, das in Indien spielte. Ich erinnere mich nur noch vage, das Buch war wirklich langweilig, da haben wir uns so ein bisschen durchgequält. Und er [der Lehrer] hat keinen Hehl daraus gemacht, dass er von dem Buch nicht unfassbar viel gehalten hat – beim ersten Lesen zumindest. Er hat es dann trotzdem dreimal gelesen, sagte er uns, und die und dic

> Sachen rausgepickt, die schon interessant waren. Also, er hat das einfach thematisiert, er hat das benannt, hat gesagt, »ja, finde ich auch nicht so spannend«. Und so hat er es irgendwie geschafft, aus Stroh Gold zu spinnen. (Magdalena)

Diese Strategie scheint zu überzeugen, denn sie zeigt, dass Langeweile und Apathie nicht das letzte Wort haben müssen. Im besten Fall werden sie zu einem Zeichen, dass man noch weitersuchen muss, um den intrinsischen Wert des Themas für sich zu begreifen. Diese Bereitschaft zum Suchen nach Wert ist genau das, was unter dem Begriff der wertbezogenen Responsivität zum Ausdruck gebracht werden soll. Auch aus diesem Grund bildet sie eine zentrale Einstellung zum Erfolg des transformativen Unterrichts.

5.2 Alltagshektik, Notenkult und das Ethos der Schule

Der Begriff der Responsivität bezeichnet eine Voraussetzung für transformatives Lernen, eine Haltung, die im geistigen Haushalt des Lernenden vorhanden sein muss, damit eine transformative Beziehung zum Unterrichtsstoff hergestellt werden kann. Obwohl eine solche welt- und wertempfängliche Haltung bereits eine wesentliche Grundlage für den transformativen Unterricht bildet, hängt das Zustandekommen transformativen Lernens von weiteren Gelingensbedingungen ab, die über die Psychologie des Lernenden hinaus auch die Handlungsmöglichkeiten der Lehrkraft betreffen. Es mag offensichtlich erscheinen, aber die bereits genannten Methoden zur Gestaltung eines transformativen Unterrichts erfordern nicht nur eine Offenheit und Empfänglichkeit seitens der Lernenden, sondern auch einen angemessenen Raum für *pädagogische Selbstbestimmung*, um transformatives Lernen im Klassenzimmer zu ermöglichen. Lehrkräfte müssen über genügend Zeit verfügen, damit sie neue Wege der Unterrichtsplanung konzipieren, ausprobieren, evaluieren und nachbereiten können. Sie benötigen auch Spielraum, um Inhalte, Anwendungen, Darstellungsweisen und Kommunikationsformen schülerorientiert einzubringen, die nicht explizit und auch nicht implizit im Lehrplan stehen. Außerdem müssen sie eine Entscheidungshoheit in ihrem Klassenzimmer genießen, damit sie die dafür notwendigen Ziele setzen und entsprechend handeln können, um mit ihren transformativen Appellen an ihre Schülerinnen und Schüler erfolgreich zu sein.

Die pädagogische Selbstbestimmung wird jedoch von vielen verschiedenen Quellen innerhalb der Schule unter Druck gesetzt. Ein besonders einflussreicher Faktor, der diese Selbstbestimmung nicht nur dramatisch untergraben kann, sondern auch ein nahezu allgegenwärtiges Merkmal des heutigen Schulwesens darstellt, ist die allgemeine »Alltagshektik«. Damit ist die schiere Zahl an Aufgaben, Tätigkeiten, Verantwortlichkeiten und Entscheidungen gemeint – Jackson (1990) rechnet mit ca. 1200 bis 1800 pro Tag –, mit denen Lehrpersonen an einem normalen Schultag klarkommen müssen. Die pädagogische Profession ist bereits von seiner Handlungslogik und Handlungs*dichte* her ein äußerst komplexes Berufsfeld, das die kognitiven und emotionalen Kapazitäten der Lehrkraft auf verschiedenen Ebenen beansprucht: Lehrkräfte müssen nicht nur über fachliches Wissen verfügen und dieses auf fachlich angemessene Weise vermitteln, sondern auch das Wissen und Können einsatzbereit haben, *wie* die Inhalte des Fachs am besten zu vermitteln sind, und zwar zu unterschiedlichen Uhrzeiten am Schultag, innerhalb eines vollen Klassenzimmers und an einzelne Kinder mit tagesformabhängiger Lernbereitschaft. Die Summe dieser praktischen Erwartungen mitsamt der merklichen Beschleunigung arbeitsbezogener Erwartungen und Ansprüche in nahezu allen Gesellschaftsbereichen schafft eine Atmosphäre der Betriebsamkeit, die die Spielräume der Lehrkraft signifikant beeinträchtigen. Zunehmende Schülerzahlen und Klassengrößen, Lehrermangel und Personalfluktuation, ständig wechselnde Reformmaßnahmen und administrative Neuanordnungen sowie der Einfluss von verschiedenen Wandlungsprozessen innerhalb der Gesellschaft (Stichwort: Digitalisierung und Migration) tragen allesamt dazu bei, dass den Lehrkräften ihre zeitlichen und auch geistigen Ressourcen entzogen werden, die sie benötigen, um Neues oder Unkonventionelles im Klassenzimmer zu wagen.

Angesichts dieser Fülle von Erwartungen an den Lehrberuf und der Komplexität des pädagogischen Handlungsfeldes kann durchaus die Frage gestellt werden, inwiefern es nun einen weiteren didaktischen Ansatz braucht, um Lehrkräften noch höhere Qualitätsansprüche und Zielsetzungen wie die des transformativen Unterrichts aufzubürden. Doch es ist genau andersherum: Ein transformatives Unterrichtsmodell bietet Lehrkräften besondere pädagogische Möglichkeiten, um ebendieser Alltagshektik *entgegenzuwirken*. Denn die Methoden transformativen Unterrichts erfordern nicht unbedingt »Steigerungen« der didaktischen Auf- und Vorbereitungen, die man »sonst« bei der Unterrichtsplanung vorsehen muss. Transformativer Unterricht drängt eher zu einer *Verschiebung der didaktischen Schwerpunktsetzung* – hin zu thematischen Darstellungs- und Behandlungsmethoden, die das transformative Potenzial fachlicher Inhalte hervorheben. Um diese Methoden erfolgreich einzubauen, werden also keine pädagogischen Kunststücke oder komplexen didaktischen Meisterleistungen benötigt. Vielmehr deutet der Orientierungsrahmen für transformativen Unterricht auf anschauliche Methoden der Gestaltung und Vermittlung fachlicher Inhalte hin, welche sich ohne große strukturelle Umstellung, neuartige Lerntechnologien oder ausgefeilte didaktische Lehransätze in den Unterricht integrieren lassen. In den Worten einer Befragten:

> Selbst Physik, wenn man es so macht wie Herr Riemann – es ist ja wirklich nicht viel, was er didaktisch aufbereitet hat. Er hat ja jetzt nicht jede Stunde zehn Gruppenarbeiten gemacht. Er hat ganz simpel immer dieselben Rituale, seine Persona, dann diese Ehrlichkeit und Transparenz und trotzdem die richtige Distanz. Und sein Fach und die Begeisterung – dieses Feuer –, das muss auch da sein, sonst bringt das nichts. (Sarah)

Transformativer Unterricht kann somit tatsächlich deutlich *einfacher* in der Vorbereitung von Unterrichtsstunden sein, sofern er von der genuinen Leidenschaft für das Fach und dem Gespür für dessen Quellen intrinsischen Werts ausgeht, über die Lehrkräfte (im besten Fall) bereits verfügen.

Dies heißt natürlich nicht, dass transformativer Unterricht keine methodischen Ansprüche hat oder dass der bereits dargelegte Orientierungsrahmen mit Erfolg angewandt werden kann, ohne dass die dazugehörigen Methoden gewissenhaft, womöglich auch über viele Jahre, eingeübt werden. Die Behauptung ist eher, dass dieser Orientierungsrahmen einen vereinfachenden Effekt auf Konzeption und Durchführung des Unterrichts hat, indem er eine direkte Linie zwischen den unterrichtlichen Lehrmethoden und grundlegenden Quellen von Wert und Sinn innerhalb der Fächer zieht. Je zugänglicher diese Quellen werden, desto weniger muss sich die Lehrkraft anstrengen, die Motivation der Schülerinnen und Schüler durch »didaktischen Schnickschnack« zu gewinnen.[3]

Die Gestaltung von transformativem Unterricht kann also nicht nur »trotz« der Alltagshektik funktionieren. Transformativer Unterricht hilft der Lehrkraft ebenfalls dabei, Kontakt zu den »wirklich« wichtigen Aspekten und Möglichkeiten fachlicher Inhalte zu pflegen. So kann transformativer Unterricht auch eine Quelle von energiespendender Muße gegenüber den manchmal sehr ungünstigen institutionellen Bedingungen darstellen. Dies gilt auch für die Lernenden, die das transformative Klassenzimmer als einen besonderen Ort erleben, in dem sie zwar rigoros herausgefordert werden – in der Regel auch mehr als in anderen Lernkonstellationen –, aber auch beginnen, neue motivationale Impulse zu spüren, deren Existenz sie bisher vielleicht nicht mal geahnt haben.

Ein etwas tiefer liegender Faktor, der der für transfor-

3 Vergleiche dazu Gruschkas (2019) Kritik der unterrichtlichen »Didaktisierung«.

matives Lernen notwendigen pädagogischen Selbstbestimmung ebenfalls dramatisch entgegenwirken kann, sind die gesellschaftlichen Selektionsmechanismen, die die Lehr- und Lernumgebung heutiger Schulen prägen. Nicht umsonst werden junge Menschen von den ambitiösen Motivationen bewegt, die zuvor bereits dargestellt worden sind: von Leistungen, Zeugnissen und Berufschancen. Schulen erfüllen eine selektierende Funktion in der Gesellschaft, die auf Basis von quantifizierten Leistungsevaluationen durchgeführt wird. Diese gesellschaftliche Selektion geschieht ganz offensichtlich beim Übergang von der Grundschule in die weiterführenden Schulen, aber weiteres, ebenso prägendes Selektionsgeschehen findet beim Erhalt des jeweiligen Schulabschlusses statt – ob in der Konkurrenz um Ausbildungsplätze auf Basis von den Noten, die in den Schulen vergeben werden, oder um begehrte Studiengänge mit einem Numerus clausus an der Universität. Da in diesen Momenten extrem viel auf dem Spiel steht, beeinflussen sie nahezu die ganze Lernkultur der Schule, schon Jahre bevor sie eigentlich wirklich relevant sind. Noten sind zu dominanten Indikatoren von Bildungserfolg geworden, deren Wirkung man heute kaum noch entkommen kann.[4]

Es wird oft behauptet, dass die Vergabe von Noten und quantifizierte Leistungsevaluationen eine Form von Macht darstellen, über die Lehrkräfte gegenüber ihren Klassen verfügen. Der Stellenwert von Noten in der Schule bewirkt aber auch klare *Einschränkungen* für die pädagogische

4 Siehe Stojanov (2011) für eine ausführliche Kritik schulischer Selektionsprozesse aus der Perspektive der Bildungsgerechtigkeit

Handlungsfähigkeit, die Lehrerinnen und Lehrer oft und ganz berechtigterweise beklagen. Wenn sich alles um die Note dreht, sind Lehrkräfte in ihren methodischen und inhaltlichen Möglichkeiten erheblich begrenzt. Es erodieren diejenigen Motivationsquellen und pädagogischen Grundlagen – oder werden gänzlich entzogen –, die an den intrinsischen Wert des fachlichen Lernens angebunden sind und auf die Freilegung dessen transformativen Potenzials abzielen.

Damit soll keine Polemik gegen die Notenvergabe im Allgemeinen formuliert sein. Die Bewertung der Leistung ist von zentraler Bedeutung für jede sinnvolle pädagogische Interaktion, sogar in Form von Noten. Obwohl die quantifizierte Leistungsbewertung dazu neigt, die relevanten Verhaltensformen zu sehr zu vereinfachen, ist dies nicht notwendigerweise der Fall, insbesondere wenn sie durch qualitative Evaluationsformen (z. B. Dialoge) ergänzt wird. Das Kernproblem von Noten besteht in der Überfrachtung ihres pädagogischen Nutzens mit einer technokratischen Funktion – der Verteilung von sozialem und kulturellem Kapital – sowie in der Überspitzung ihres Stellenwertes im heutigen Bildungswesen, der beinahe an einen Kult erinnert.

Das transformative Klassenzimmer kann einen Raum dafür bieten, dem »Notenkult« der heutigen Schule entgegenzuwirken. Einfache Strategien können viel bewirken – etwa, wenn man den Unterricht so weit wie möglich mit unbenoteten Aufgaben gestaltet, so dass die Lernenden sich daran gewöhnen können, ihre Leistung an binnenfachlichen Maßstäben und Standards zu messen. Man könnte auch benotete Aufgaben mit weiteren qualitativen Bewertungsformen ergänzen, damit die Note ihre pädagogische Funktion wiedergewinnt, auch wenn sie dadurch nicht ihre selektive Wirkung verliert. Gewinnbringend wäre außerdem, ganz explizit im Klassenraum über die pädagogisch nützliche und gesellschaftlich fragwürdige Rolle von Noten mit den Schülerinnen und Schülern zu sprechen. Solche ehrlichen und offenen Gespräche erlauben es Lehrkräften, Angstzustände durch Dialoge abzubauen, ambitiöse Motivationen zu problematisieren und neue fachliche Beziehungsformen zu ermöglichen. Wie wir bereits im Kapitel 3 gesehen haben, können solche Dialoge sogar Gelegenheiten für Irritationen (z. B. Irritationen durch Transparenz) bieten, welche den transformativen Lernprozess auf besondere Weise in Gang setzen.

Außerdem stellt das Methodenspektrum des transformativen Unterrichts ein wirksames Gegengift zum Notenkult der Schule dar. Transformativer Unterricht ruft wirkungsstarke psychologische Kräfte und einzigartige Motivationsquellen ins Leben, mittels derer junge Menschen soziale und persönliche Defizite hinter sich lassen können. Die anhaltende Leidenschaft für das Fach oder für das Lernen selbst, die das transformative Klassenzimmer in den Lernenden erweckt, ist der X-Faktor (oder der L-Faktor), der den durch Sozialisation scheinbar vorprogrammierten Lebens- und Bildungsweg zu transzendieren ermöglicht. Wenn es gelingt, diese psychologischen Kräfte durch den Unterricht anzuregen, kann das Leistungsniveau *aller* Schülerinnen und Schüler, auch der leistungsschwächsten, erhöht werden, so dass sich erfolgserschwerende Faktoren wie soziale oder ethnische Herkunft nicht mehr in den Noten widerspiegeln. Eine zentrale Begründung, warum der

Unterricht transformativ gestaltet werden sollte, liegt gerade in dessen Potenzial, auf diese Weise die selektive Funktion schulischer Leistungsbewertungen einzuhegen.

5.3 Soziale Medien und die neue digitale Kultur

Lehrkräfte, die nicht nur in der Lage sind, einen robusten Handlungsspielraum in ihrem Klassenzimmer aufrechtzuerhalten, sondern auch bei ihren Schülerinnen und Schülern eine wert- und weltbezogene Responsivität gegenüber den Themen und Inhalten ihrer Fächer zu erwecken wissen, haben bereits viel erreicht. Kommen diese zwei Bedingungen im Klassenzimmer zur Geltung, ergibt sich eine Lehrer-Schüler-Interaktion, der eine gewaltige transformative Kraft innewohnt. Offenheit seitens der Lernenden und didaktische Flexibilität seitens der Lehrkraft schafft eine Vertrauensbasis, in der transformatives Lernen florieren kann.

An dieser Stelle ist eine letzte Gelingensbedingung zu besprechen, um die sich Lehrerinnen und Lehrer kümmern müssen, wenn ihr Klassenzimmer Raum für transformatives Lernen schaffen soll. Um transformatives Lernen systematisch und konsistent im Klassenzimmer zu fördern, ist nämlich eine bestimmte Art der Lernumgebung vonnöten: Die Lernumgebung transformativer Klassenzimmer fördert und erfordert die Aufmerksamkeit, Konzentration und eine rege geistig-emotionale Beteiligung seitens der Schülerinnen und Schüler. Sie ermutigt zu tiefgehender Auseinandersetzung mit den dort behandelten Unterrichtsinhalten sowie zu einem anhaltenden Interesse an der Entdeckung und Prüfung ihrer Erfahrungsmöglichkeiten. Im transformativen Klassenzimmer spüren die Lernenden, dass sie die Oberfläche der Dinge durchdringen müssen, wenn sie dem wahren Wert und Sinn der Unterrichtsinhalte begegnen wollen. Sie spüren außerdem eine gewisse Dringlichkeit oder Anspannung im Klassenklima, welche nahezulegen scheinen, dass sie sich »ranhalten« müssen, wenn sie das Wesentliche nicht verpassen wollen.

Auch wenn die Zeitdiagnose, dass Kinder und Jugendliche heutzutage in einem ablenkenden und abgelenkten Zeitalter aufwachsen, zu einem Klischee geworden ist: man kann nicht leugnen, dass moderne Medien – allem voran Social-Media-Plattformen – ja länger anhaltende Aufmerksamkeit und Konzentrationsfähigkeit erheblich beeinträchtigen. Ablenkung wird zu einer Art Lebensform, welche nicht nur durch die Allgegenwart von Smartphones und Tablets im Leben jüngerer Generationen verschärft wird. Es wird zunehmend deutlich, wie Medienkonzerne und ihre Produkte wie Instagram, TikTok und Co. hochentwickelte Filtering-Algorithmen, ausgefeilte Datenverarbeitungstools und topaktuelle neurowissenschaftliche Forschung implementieren, um bei ihren Nutzern einen psychischen Drang zu vermehrter Interaktion mit ihren Diensten zu schaffen. Junge Menschen sind demgegenüber nicht nur besonders vulnerabel, sie sind sogar die *Zielgruppe* dieser Dienste. Es geht darum, durch einfache Belohnungssysteme, attraktive »Aufmerksamkeits-Catcher« und damit einhergehende »Dopamine-Hits« eine Bereitschaft zu kultivieren, den sozialen Medienplattformen immer mehr Zeit und Aufmerksamkeit zu schenken. So fühlen sich Nutzerinnen und Nutzer zunehmend dazu gedrängt – der Erfolg dieser dubiosen Bestrebungen ist mehrmals empirisch nachgewiesen –, einen immer größeren Teil ihres Privatlebens auf diesen Plattformen öffentlich darzustellen und mit ihren »Like«- und Abstimmfunktionen um Anerkennung und Popularität zu werben, und zwar schon in immer jüngeren Lebensjahren.[5]

Gegenüber den bestürzenden psychischen Auswirkungen, die diese neue digitale Kultur auslöst – etwa Depressionen, Angstzustände, Cybermobbing, schierer Zeitverlust und Sucht –, mag die Ablenkung und Ablenkbarkeit, die sie bei Kindern verursacht, eher harmlos erscheinen.[6] Und doch stellt sie ein ernsthaftes Hindernis für das Engagement und die Aufmerksamkeit dar, die notwendig sind, um transformatives Lernen zu erleben. Soziale Medien, ausufernde Onlineaktivität und allgemein die Verschiebung des Lebens in die digitale Welt rufen einen psychosozialen Zustand bei jungen Menschen hervor, der sich eigentlich nur unvollkommen mit dem Begriff der »Ablenkung« beschreiben lässt. Denn es geht hier eben nicht um die unvermeidlichen und periodischen Unterbrechungen der Aufmerksamkeit, die durch die verschiedenen Geschehnisse in einem vollen Klassenzimmer verursacht werden, ebenso wenig um das optimale Design von Aufgaben und Arbeitsphasen im Klassenzimmer und auch nicht um die heimlichen Blicke der Schülerinnen und Schüler auf ihre mobilen Geräte während des Unterrichts. Vielmehr

5 Siehe hierzu Albert et al. (2019).

6 Zu Cybermobbing siehe Kowalski et al. (2014), zu Sucht siehe Hou et al. (2019).

handelt es sich um eine allgemeine kognitive Ablenkbarkeit und Zerstreuung, die in der Lernumgebung moderner Klassenzimmer präsent sein wird.

Digitale »Distraktion«, wie wir diesen Zustand nennen können, hat also nicht nur durch die reine Verschiebung von Aufmerksamkeit einen parasitären Effekt auf das Zustandekommen transformativen Lernens. Durch die Nutzung von sozialen Medien und ihrer einfachen sowie »attraktiven« Belohnungslogiken wird es auch immer schwieriger, Aufgaben und Tätigkeiten als wertvoll zu erleben, die eine geistig-emotionale Anstrengung erfordern, auf die zudem keine unmittelbare Belohnung erfolgt. Digitale Distraktion nivelliert somit allmählich die Differenz zwischen intrinsischen und extrinsischen Werterlebnissen und trägt dabei in besorgniserregender Weise zu der Verarmung unseres Erfahrungshorizonts bei.

Was tun gegen …

… *Langeweile und Apathie im Unterricht?*

- ein offenes, transparentes Gespräch über die Themen oder Texte führen, die Schülerinnen und Schüler besonders lebensfern oder langweilig gefunden haben
- Feedback von Lernenden einholen, um Auskunft über verpasste Chancen bzw. gelungene Versuche in der Unterrichtsgestaltung zu erhalten
- als Lehrperson selbst über negative Lernemotionen wie Langeweile sprechen, insbesondere wenn sie die Unterrichtsthemen unmittelbar betreffen

... Alltagshektik und die Auswirkungen des »Notenkults« im Schulalltag?

- bei der Unterrichtsplanung wieder Kontakt mit den Quellen von Freude, Faszination und Wertschätzung im Fach herstellen
- eine didaktische Schwerpunktsetzung hin zu einem Fokus auf das transformative Potenzial fachlicher Inhalte vornehmen
- weitestgehend unbenotete Aufgaben oder qualitative Bewertungsmethoden zur Leistungsevaluation einsetzen
- ein offenes, transparentes Gespräch über die pädagogisch nützliche und gesellschaftlich fragwürdige Rolle von Noten mit den Schülerinnen und Schülern führen

... die Ablenkbarkeit und Konzentrationsschwäche der Lernenden?

- Irritationen und Spannungsbögen nutzen, um einen wirksamen »Gegenanreiz« gegenüber digitaler Stimulation zu gestalten
- den Einfluss und Charakter von digitaler Distraktion mit den Schülern besprechen, um ein kritisches Bewusstsein dafür zu schaffen

Ratgeber und vor allem Verfechter der unterrichtlichen »Digitalisierung« reagieren zunehmend auf dieses grundlegende Problem mit – meines Erachtens – fragwürdigen Mitteln. Es wird empfohlen, nicht nur die gleichen Technologien für den Unterricht einzusetzen, welche die Schülerinnen und Schüler sowieso außerhalb des Unterrichts ablenken – Tablets, Smartphones usw. –, es wird teils sogar dafür plädiert, den Unterricht einer »Gamification« zu unterziehen. Danach gelte es, den Unterricht so spielerisch zu gestalten, dass die Schülerinnen und Schüler kaum noch merken, dass sie lernen. Anhand solcher technologischen Anwendungen sollen die Lernenden einen nahtlosen Übergang zwischen ihrer digitalen Lebenswelt und dem Erfahrungsraum des Unterrichts erleben.

Dieser Ansatz – zuweilen treffend Edutainment genannt[7] – übersieht den umfassenden Charakter der Distraktions-Problematik. Denn der Einsatz von digitalen Technologien und entsprechenden gamifizierten Lerngelegenheiten im Kontext fachlicher Bildung birgt die Gefahr, dass ihre stark vereinfachten, teilweise manipulativen Belohnungslogiken in den Bildungsraum hineingeraten und dadurch auch die Wertempfänglichkeit bei jungen Menschen beeinträchtigen.

Das transformative Klassenzimmer liefert natürlich kein »Patentrezept« für die Beseitigung solcher schwerwiegenden und ubiquitären kulturellen Phänomene. Dennoch – und dies ist vielleicht viel wichtiger – kann es der Herausforderung der digitalen Distraktion angemessen entgegentreten. Obwohl es vorkommen kann, dass das Potenzial transformativen Lernens beizeiten unter dem Einfluss digitaler Distraktion leidet, stellt ein transformativ gestalteter Unterricht eine der überzeugendsten Alternativen zu jener abgelenkten Lebensform dar, der junge Menschen ausgesetzt sind. Transformativer Unterricht basiert schließlich auf Formen der psychologischen Anregung – Irritatio-

7 Für eine Analyse des Edutainment-Phänomens siehe Okan (2003).

nen und Spannungsbögen – deren Diskontinuität zum Üblichen als ein wirksamer »Gegenanreiz« fungieren kann. Dieser Gegenanreiz erlaubt es Lehrkräften, festgefahrene Vorurteile bei jungen Menschen zu durchbrechen und blinde Flecken aufzudecken, damit neue Beziehungen zu den Lerngegenständen entwickelt werden können. Dazu gehören freilich auch die medialen Angewohnheiten der Schülerinnen und Schüler, welche sich vielleicht *ausschließlich* durch solch gezielte Gegenimpulse überwinden lassen.

Lehrkräfte sollten sich also nicht davor scheuen, genuine Spannung, Antizipation, Vorfreude und sogar etwas »Drama« im Klassenzimmer anzuregen, wenn sie transformative Ziele und Zwecke verfolgen wollen. Sie sollten sich nicht davor scheuen, das Unerwartete als Designprinzip des Unterrichts einzusetzen – das heißt, das Klassenzimmer als einen Ort des Ansporns zu gestalten, welcher die Schülerinnen und Schüler immer wieder aufs Neue überrascht und gegebenenfalls auch etwas Unbequemlichkeit auslöst. Man kann auch – wie in den vorangegangenen Abschnitten bereits empfohlen – explizit über den Einfluss und Charakter von digitaler Distraktion mit den Lernenden sprechen, um ein kritisches Bewusstsein über dessen Quellen und Auswirkungen in ihrem geistigen Leben zu schaffen. So kann man gleichzeitig die Erwartung hinterfragen, dass der Fachunterricht dieselben Belohnungs- und Befriedigungsmechanismen bereitstellt, mit denen sie sonst im digitalen Alltag konfrontiert sind.

Nicht zu unterschätzen ist aber die Tatsache, dass die Quellen intrinsischen Werts innerhalb der Unterrichtsfächer für sich selbst sprechen. Junge Menschen wollen reichhaltige Erfahrungen im Fachunterricht machen. Wenn

Lehrkräfte die Betonung der extrinsischen, nützlichen, pragmatischen oder künftig zu genießenden Vorteile der fachlichen Bildung hinter sich lassen und sich stattdessen darauf fokussieren, wie faszinierend und inspirierend ihre Fächer *an sich* sind, werden sie es – davon bin ich überzeugt – viel leichter haben, ihre Schülerinnen und Schüler mitzureißen. Es ist kaum zu leugnen, dass WhatsApp-Chats und Instagram-Posts weit von der Thematisierung romantischer Gedichte, wissenschaftlicher Experimente, geometrischer Beweisführungen und historischer Ereignisse entfernt sind. Doch es würde dem Potenzial der jüngeren Generation nicht gerecht anzunehmen, dass sie nicht dafür zu begeistern sind. Denn das sind sie: Junge Menschen brauchen nur die Hilfe ihrer Lehrerinnen und Lehrer, um sich von den Aufmerksamkeitsfallen unseres Zeitalters zu befreien und ihren Horizont für die Wertschätzung und Anerkennung der Inhalte zu öffnen.

6 Ausblick

In den vorangegangenen Kapiteln habe ich dafür argumentiert, dass transformatives Lernen nicht nur ein dringliches, sondern ein erreichbares Bildungsziel darstellt. Im Gegensatz zu einem »Ausstattungsmodell« der Bildung, dessen Wirkung im heutigen Bildungswesen allgegenwärtig zu spüren ist, versucht ein transformatives Unterrichtsmodell bei Schülerinnen und Schülern eine robuste Beziehung zu den Quellen intrinsischen Wertes zu fördern, die den Schulfächern innewohnen. Diese Beziehung bezeichnet der Begriff der *Aspiration*: eine wertorientierte Form der motivierten Auseinandersetzung, die in einer tiefgehenden Veränderung und Transformation der eigenen Perspektive mündet. Anhand einer transformativen Perspektive auf den Unterricht wird das Potenzial der dort thematisierten Lernangebote dramatisch erweitert. Transformativer Unterricht ermutigt Lernende sowie Lehrende Mathematik, Deutsch, Biologie, Geschichte, ja, alle Unterrichtsfächer als tiefgründige und faszinierende Bereiche menschlichen Erkenntnisstrebens wahrzunehmen, die neue Horizonte der Selbst- und Weltbegegnung eröffnen.

Mit dem transformativen Unterrichtsansatz, der in diesem Band dargelegt wurde, sind sicherlich hohe Ansprüche verbunden. Doch es lohnt sich, die Prinzipien und Praktiken eines transformativen Unterrichts in die Praxis umzusetzen, da sich erst dadurch die erstaunlich reichhaltige Erfahrungswelt der Fächer ausschöpfen lässt. Ein solcher Ansatz ist jedoch auch aus einem weiteren Grund in den Unterricht einzubringen. Denn transformativer Unterricht geht von einem Verständnis des Lernenden aus, das im Gegensatz zu anderen Konzepten im heutigen Bildungswesen deutlich umfassender ist. Transformativer Unterricht erkennt nämlich die Schülerinnen und Schüler als Menschen an, die noch im Werden begriffen sind, deren Gefühlsleben, Weltanschauungen, Selbstkonzepte und Ideale für den Fachunterricht weder nebensächlich noch vernachlässigbar sind. Obwohl es der gängigen Auffassung des Fachunterrichts entgegenstehen mag, ist aus transformativer Perspektive das Streben junger Menschen nach einem guten, sinnvollen und erfüllten Leben genauso wichtig für die Planung und Gestaltung eines erfolgreichen Unterrichts wie fachliche Vorkenntnisse und kluge Problemstellungen. Verteidiger der Kompetenzorientierung – der jüngsten Variante des Ausstattungsmodells der Bildung – haben sicherlich recht, dass junge Menschen sich in einer zunehmend komplexen Welt zurechtfinden, dass sie die damit einhergehenden Herausforderungen bewältigen und dass sie deshalb entsprechende Denk- und Handlungskompetenzen erwerben müssen. Transformativer Unterricht widerspricht dem nicht, weist jedoch die Haltung zurück, dass damit unser Auftrag erledigt sei.

Schülerinnen und Schüler im 21. Jahrhundert wollen – wie jede Generation vor ihnen – das Gefühl haben, dass ihr Leben einen Sinn hat, dass sie sich mit zutiefst wertvollen Aktivitäten und Berufsfeldern beschäftigen, dass ihre Handlungen und Beziehungen im Reinen sind, dass sie Schönheit in der Welt und Verbundenheit mit der Natur erleben und dass sie über die geistigen und praktischen Ressourcen verfügen, um diese vielfältigen Lebensaufgaben zielsicher und selbstbewusst zu erfüllen. Sie wollen die Gegenwart von Menschen in ihrem direkten Umfeld – aber auch aus Literatur und Geschichte – genießen, die ihnen als Vorbilder und Inspirationsquellen dienen können. Sie wollen Freundschaften mit anderen aufbauen, die auf Tieferem basieren als auf gegenseitigem Amüsement oder Nutzen. Und sie wollen Lehrerinnen und Lehrern begegnen, die sie dazu ermutigen, über den eigenen Tellerrand hinauszublicken, sich für andere einzusetzen und ihre Leidenschaften und Berufungen ausfindig zu machen. Die Schule kann diesen vielfältigen Bedürfnissen natürlich nicht vollständig nachkommen. Jedoch würde einer Schule, die ihren Bildungsauftrag bloß auf kalkulierte Nützlichkeit, kurzzeitige Relevanz und ein bloßes »Weiterkommen« reduziert, etwas Wesentliches abhandenkommen. Sie würde, meiner Ansicht nach, ihr einzigartiges Potenzial aufgeben, das Wachsen, das Wohlergehen und das persönliche Gedeihen junger Menschen zu fördern.

Es ist tatsächlich seltsam, dass pädagogische Ratgeber, Didaktiker, Erziehungswissenschaftler und Lehrplanentwickler solche überdauernden Bedürfnisse und Bestrebungen junger Menschen so oft aus den Augen verlieren. Meine Hoffnung ist, dass das transformative Unterrichtsmodell diese ins Gedächtnis zurückruft, damit unsere Schulen den vielfältigen Persönlichkeiten der Schülerinnen und Schüler gerecht werden können. Ich bin davon überzeugt, dass mit diesem Modell keineswegs das letzte Wort über transformatives Lernen gesagt worden ist. Dieser Band mag zwar einen Einstieg geschaffen haben, um die Implikationen der neuesten wissenschaftlichen Erkenntnisse rund um Transformation und Aspiration für die Unterrichtspraxis herauszuarbeiten, aber transformatives Lernen lässt sich prinzipiell auch als Bildungskonzept auf der Schulebene, in der

Ausbildung von Lehrkräften sowie in der Formulierung von systemischen Bildungszielen anwenden. Die Thematisierung dieser Anwendungskontexte ist weiterführenden Arbeiten vorbehalten. Mit diesem Band hoffe ich vermitteln zu können, dass uns das *business as usual* in der Schule nicht genügen soll, dass etwas Wesentliches auf dem Spiel steht, wenn wir unsere eigenen Standards und Aspirationen als Lehrpersonen zu niedrig ansetzen, und dass wir einen großen Gewinn für unsere Schülerinnen und Schüler erzielen können, wenn wir uns an dem Versprechen des transformativen Lernens orientieren.

7 Literaturhinweise

Ahlers, M. (2014). Umfrage. Langeweile an Niedersachsens Schulen. In: Braunschweiger Zeitung. www.braunschweiger-zeitung.de/mitreden/antworten/article151582391/Umfrage-Langeweile-an-Niedersachsens-Schulen.html (29. 6. 2023).

Albert, M., Hurrelmann, K., & Quenzel, G. (2019). Jugend 2019. 18. Shell Jugendstudie: Eine Generation meldet sich zu Wort. Beltz.

Beljan, J. (2017). Schule als Resonanzraum und Entfremdungszone. Eine neue Perspektive auf Bildung. Beltz Juventa.

Benner, D. (2012). Allgemeine Pädagogik. Eine systematisch-problemgeschichtliche Einführung in die Grundstruktur pädagogischen Denkens und Handelns. 7., korr. Auflage. Beltz Juventa.

Biolcati, R., Mancini, G., & Trombini, E. (2018). Proneness to boredom and risk behaviors during adolescents' free time. In: Psychological Reports, 121(2), 303–323.

Blomberg, C. (2022). Pädagogik und Glück: Rekonstruktion einer vergessenen Beziehung. Kohlhammer.

Bridgeland, J. M. (2010). The new dropout challenge: Bridging gaps among students, parents, and teachers. In: New Directions for Youth Development, 127, 101–110.

Callard, A. (2018). Aspiration: The agency of becoming. Oxford: Oxford University Press.

Costache, O., Edelsbrunner, P. A., Becker, E. S., Sticca, F., Staub, F. C., & Götz, T. (2022). Wachstumsverläufe der intrinsischen Wertüberzeugungen in Mathematik und Französisch: Zusammenhänge mit Berufsorientierungen. In: Zeitschrift für Erziehungswissenschaft, 25, 1–23.

Daniels, L. M., Tze, V. M. C., & Goetz, T. (2015). Examining boredom: Different causes for different coping profiles. In: Learning & Individual Differences, 37, 255–261.

Dewey, J. (2011). Demokratie und Erziehung: Eine Einleitung in die philosophische Pädagogik. Beltz.

Drerup, J. (2019): Bildung und das Ethos der Transformation. Anmerkungen zum Verhältnis von Bildungstheorie, Bildungsforschung und Pädagogischer Ethik. In: Zeitschrift für Praktische Philosophie, 6(1), 61–90.

Drerup, J. (2021). Kontroverse Themen im Unterricht. Konstruktiv streiten lernen. Reclam.

Frankfurt, H. G. (2014). Freiheit und Selbstbestimmung. Akademie Verlag.

Giesinger, J. (2022). Transformation und Normativität. Zur Pädagogisierung des Bildungsbegriffs. In: D. Yacek (Hrsg.). Bildung und Transformation. Zur Diskussion eines erziehungswissenschaftlichen Leitbegriffs (S. 29–42). J. B. Metzler.

Goetz, T., Frenzel, A. C., & Pekrun, R. (2007). Regulation von Langeweile im Unterricht. Was Schülerinnen und Schüler bei der ›Windstille der Seele‹ (nicht) tun. In: Unterrichtswissenschaft, 35(4), 312–333.

Gruschka, A. (2019). Erziehen heißt Verstehen lehren. Ein Plädoyer für guten Unterricht. Reclam

Helsper, W. (2013). Pädagogisches Handeln in den Antinomien der Moderne. In: H. H. Krüger & W. Helsper (Hrsg.). Einführung in Grundbegriffe und Grundfragen der Erziehungswissenschaft (Vol. 1). Springer.

Hou, Y., Xiong, D., Jiang, T., Song, L., & Wang, Q. (2019). Social media addiction: Its impact, mediation, and intervention. In: Cyberpsychology: Journal of Psychosocial Research on Cyberspace, 13(1), article 4.

Jackson, P. (1990). Life in Classrooms. Teachers College Press.

Jaeggi, R. (2016). Entfremdung: zur Aktualität eines sozialphilosophischen Problems. Suhrkamp.

Jonas, M. E., & Nakazawa, Y. (2020). A platonic theory of moral education: Cultivating virtue in contemporary democratic classrooms. Routledge.

Keller, M. M., Woolfolk Hoy, A., Goetz, T., & Frenzel, A. C. (2016). Teacher enthusiasm: Reviewing and redefining a complex construct. In: Educational Psychology Review, 28(4), 743–769.

Koller, H. C. (2016). Über die Notwendigkeit von Irritationen für den Bildungsprozess: Grundzüge einer transformatorischen Bildungstheorie. In: A. Lischewski (Hrsg.). Negativität als Bildungsimpuls? Über die pädagogische Bedeutung von Krisen, Konflikten und Katastrophen (S. 215–235). Schöningh.

Koller, H. C. (2018). Bildung anders denken. Einführung in die Theorie transformatorischer Bildungsprozesse. 2., aktual. Auflage. Kohlhammer.

Kowalski, R. M., Giumetti, G. W., Schroeder, A. N., & Lattanner, M. R. (2014). Bullying in the digital age: A critical review and meta-analysis of cyberbullying research among youth. In: Psychological Bulletin, 140, 1073–1137.

Kultusministerkonferenz (2016). Bildung in der digitalen Welt. Strategie der Kultusministerkonferenz. www.kmk.org/fileadmin/Dateien/pdf/PresseUndAktuelles/2018/Digitalstrategie_2017_mit_Weiterbildung.pdf (28. 6. 2023).

Kunter, M., Frenzel, A. C., Nagy, G., Baumert, J., & Pekrun, R. (2011). Teacher enthusiasm: dimensionality and context specificity. In: Contemporary Educational Psychology, 36, 289–301.

Lee, F. K. S., & Zelman, D.C. (2019). Boredom proneness as a predictor of depression, anxiety and stress: The moderating effects of dispositional mindfulness. In: Personality & Individual Differences, 146, 68–75.

LePera, N. (2011). Relationships between boredom proneness, mindfulness, anxiety, depression, and substance use. In: New School Psychology Bulletin, 8, 15–25.

Lipkina, J. (2021). Bildung und Transformation ›anders denken‹. Über die Bedeutung positiver Erfahrungen für Bildungsprozesse im Anschluss an Charles Taylor. In: Zeitschrift für Pädagogik, 67(1), 102–119.

Lipkina, J. (2022). »Wie viel Transformation braucht Bildung?« Erweiterungen und Öffnungen des bildungstheoretischen Diskurses im Anschluss an Charles Taylor. In: D. Yacek (Hrsg.). Bildung und Transformation. Zur Diskussion eines erziehungswissenschaftlichen Leitbegriffs (S. 123–137). J. B. Metzler.

Mercer, K. B., & Eastwood, J. D. (2010). Is boredom associated with problem gambling behaviour? It depends on what you mean by ›boredom‹. In: International Gambling Studies, 10, 91–104.

Mezirow, J. (1978). Perspective transformation. In: Adult Education Quarterly, 28(2), 100–110.
Mezirow, J. (1981). A critical theory of adult learning and education. In: Adult Education Quarterly, 32(1), 3–24.
Mezirow, J. (1989). Transformation theory and social action: A response to Collard and Law. In: Adult Education Quarterly, 39(3), 169–175.
Nohl, A. M. (2016). Bildung und transformative learning. In: D. Verständig, J. Holze & R. Biermann (Hrsg.). Von der Bildung zur Medienbildung (S. 163–177). Springer Fachmedien.
OECD (2012). PISA 2012 results: Students' engagement, drive and self-beliefs (Vol. 3). OECD Publishing.
Okan, Z. (2003). Edutainment: Is learning at risk? In: British Journal of Educational Technology, 34(3), 255–264.
Park, A. (2022). Die Arbeit am Ausdruck. Zur ästhetischen Dimension von Bildung. Eine artikulationstheoretische Annäherung. transcript.
Pekrun, R., Goetz, T., Daniels, L. M., Stupnisky, R. H., & Perry, R. P. (2010). Boredom in achievement settings: Exploring control – value antecedents and performance outcomes of a neglected emotion. In: Journal of Educational Psychology, 102(3), 531–549.
Peters, R. S. (1971). Ethics and education. London: Allen and Unwin.
Przybilla, S. (2018). Auch Bodenampeln halten Smartphone-Zombies nicht ab. www.suedkurier.de/ueberregional/panorama/Auch-Bodenampeln-halten-Smartphone-Zombies-nicht-ab;art409965,9858842 (29. 6. 2023).
Pugh, K. J. (2020). Transformative science education: Change how your students experience the world. Teachers College Press.
Pugh, K., Kriescher, D., Cropp, S., & Younis, M. (2020). Philosophical groundings for a theory of transformative experience. In: Educational Theory, 70(5), 539–560.
Reichenbach, R. (2018). Ethik der Bildung und Erziehung. utb.
Rosa, H. (2016). Resonanz. Eine Soziologie der Weltbeziehung. Suhrkamp.
Statista (2009). Anteil der Schüler, der die Schule geschwänzt hat nach Geschlecht und Bildungseinrichtung 2007/2008. de.statista.

com/statistik/daten/studie/76131/umfrage/schule-schwaenzen-schueler-die-die-schule-geschwaenzt-haben (29. 6. 2023).
Stojanov, K. (2011). Bildungsgerechtigkeit: Rekonstruktionen eines umkämpften Begriffs. Springer.
Stojanov, K. (2014). Bildung: Zur Bestimmung und Abgrenzung eines Grundbegriffs der Humanwissenschaften. In: Erwägen Wissen Ethik, 25(2), 203–212.
Strike, K. A. (2005). Trust, traditions, and pluralism: Human flourishing and liberal polity. In: D. Carr & J. Steutel (Hrsg.). Virtue ethics and moral education (224–237). Routledge.
Wasson, A. S. (1981). Susceptibility to boredom and deviant behavior at school. In: Psychological Reports, 48(3), 901–902.
Wegner, L., Flisher, A. J., Chikobvu, P., Lombard, C., & King, G. (2008). Leisure boredom and high school dropout in Cape Town, South Africa. In: Journal of Adolescence, 31(3), 421–431.
Yacek, D. W. (2019). Anders werden – besser werden. Alternativen zur transformatorischen Bildungstheorie. In: N. Balzer, J. Beljan & J. Drerup (Hrsg.). Charles Taylor. Perspektiven der Erziehungs- und Bildungsphilosophie (81–107). Brill mentis.
Yacek, D. W. (2020). Should education be transformative? In: Journal of Moral Education, 49(2), 257–274.
Yacek, D. W. (2021). The transformative classroom: Philosophical foundations and practical applications. Routledge.
Yacek, D. W. (2022). Die transformative Wende in der Erziehungswissenschaft. Eine Einleitung in den Themenkomplex ›Bildung und Transformation‹. In: D. Yacek (Hrsg.). Bildung und Transformation. Zur Diskussion eines erziehungswissenschaftlichen Leitbegriffs (1–8). J. B. Metzler.
Yacek, D. W., & Gary, K. (2020). Transformative experience and epiphany in education. In: Theory and Research in Education, 18(2), 217–237.
Yacek, D. W., & Gary, K. (2022). The uses and abuses of boredom in the classroom. In: British Educational Research Journal. Online first 17 September 2022. bera-journals.onlinelibrary.wiley.com/doi/full/10.1002/berj.3833 (29.6.2023).

Danksagung

Die Konzipierung und Ausarbeitung dieses Buches wäre ohne die großzügige Hilfe und den emotionalen Beistand vieler werter Menschen unmöglich gewesen, deren Geduld bei meinen Fragen und Bitten niemals erschöpft schien. Ich kann an dieser Stelle bei weitem nicht alle nennen, von denen meine Ausführungen und Ideen in den letzten Jahren profitiert haben, möchte mich aber ausdrücklich bedanken bei: Drew Chambers, Johannes Drerup, John Fantuzzo, Matthew Farrelly, Kevin Gary, Kailum Ijaz, Mark Jonas, Julia Lipkina, Paul McCloud sowie den Teilnehmenden des Roland Reichenbach Forschungskolloquiums an der Universität Zürich, bei dem ich einige Konzepte, die diesem Buch zugrunde liegen, vorstellen durfte. Außerdem bin ich Marieke Krater zu besonderem Dank verpflichtet; sie kommentierte im Verlauf der Arbeit an diesem Band zahlreiche Entwürfe – und zwar in unterschiedlichen, manchmal aus Sicht einer Muttersprachlerin sicherlich grauenvollen sprachlichen Zuständen – kritisch und bereicherte sie durch Korrekturen. Auch Michael Veeh habe ich ganz besonders für seine umsichtige Lektüre und verständigen Vorschläge zu danken. *Last but not least* möchte ich hier die hervorragenden Beiträge meiner Studentinnen und Studenten nennen, die im Sommersemester 2022 an den Interviews für das Buch teilnahmen. Ihre aufrichtigen und einsichtsvollen Beobachtungen über ihre prägendsten Lehrerinnen und Lehrer bereicherte nicht nur die Argumentation dieses Buchs auf maßgebliche Weise, sie machten diese Interviews zu einem persönlichen Höhepunkt meiner wissenschaftlichen Laufbahn.

Zum Autor

Dr. DOUGLAS YACEK ist Hochschullehrer am Institut für Allgemeine Erziehungswissenschaft und Berufspädagogik an der Technischen Universität Dortmund. In den USA geboren, hat er langjährige Lehrerfahrung in der universitären Lehrerbildung und ist Verfasser zahlreicher Publikationen im Bereich des transformativen Lehrens und Lernens, der Bildungstheorie und -philosophie sowie der pädagogischen Ethik. Parallel zu seiner Forschung und Lehre bietet er Fortbildungen für Lehrkräfte zu Schlüsselthemen der Unterrichtspraxis an, etwa zur Behandlung kontroverser Themen im Unterricht, Unterrichtsqualität sowie zu Demokratieerziehung und -bildung in Schulen. 2021 wurde er mit dem Lehrpreis der TU Dortmund ausgezeichnet.